MIN YU XING

敏于行

行走在教育理论与体育实践之间

冯敏　著

序

我从上海第四师范学校毕业从事学校体育工作已经整整41年了，担任体育教研员也有19年之久。其间，承担了许多角色，先后担任过一线体育老师、体育教研组长、团支部书记、教导、科研室主任、校长助理、副校长等，还曾主持过学校工作，但最后又回归体育专业，担任了闵行区一名普普通通的小学体育教研员。一路走来总是行路匆匆，途中虽拥有着辉煌与挫折、光鲜与平淡的人生经历，却从没有放缓脚步好好思考这些年的成败得失。现如今已年过花甲，自以为对中小学体育的理解进入了一定的境界。常有同行和领导好心提议，让我把这些年积累的宝贵经验写出来，给自己的学校体育教育教学职业生涯留下点痕迹。人是有惰性的，我就是属于那种懒于动笔的人，经好友及家人的督促，终于下决心写点东西，给自己那么多年的学校体育工作经历和所思考的问题做些个人的陈述。

我的名字比较中性，我没问过父母当初给我起这个名字的寓意或出处，是希望我敏捷、敏锐、机敏，还是引用了《论语·里仁》篇中“君子欲讷于言而敏于行”的敏，希望我做事行动要敏捷、干练勤奋？但我还是比较喜欢“敏于行”，所以就给本专著定名为:《敏于行》。

关于正文，我以自己的成长经历谈家庭教育和学校体育对孩子体育兴趣培养的重要作用，以及名师引领对教师的影响作为开篇；以一名从教41年的体育教师和教研员身份，说说我对学校体育的认识，对体育课程改革的思考，或许对年轻的体育教师和体育工作者有些启发；当然，本书主要从体育教研员的角度，谈谈对教材、课堂教学、体育教学研究和体育科研等方面的探索。承蒙徐燕平老师和王立新老师的厚爱，在担任区体育教研员的这些年来，我参与了各种市级教研活动，承担了多项市级体育项目和课题的研究，从中积累了较丰富的体育教育教学、体育教研和体育科研经验，也对学校体育有了比较深的理解，藏于肚内不如与众共享。

由于匆忙执笔，加上工作繁杂，时间紧促，没有完全静下心来陈述，一定会有不足之处，但该书只要能引发大家思考，需要时能拿出来翻阅一下，不束之高阁就不枉我三年之功，也算心满意足了。

冯敏

2021年元月

目　录

回眸篇：我的体育之缘

理念篇：我眼中的学校体育教育

教学篇：体育教师立足操场的资本

教研篇：促进体育教师专业化成长的平台

科研篇：提升体育教师内涵品质的助推剂

回眸篇：
我的体育之缘

篇首语

每一个人在由自然人到社会人的过程中，父母对子女的教育影响力是极其深远、无可替代的，儿童对某些事物产生兴趣最初常常是受家庭的影响，在父母的细心呵护下兴趣的种子生根发芽，这就是我们常说的家教，启蒙的教育。随着学龄期的来临，遇上怎样的老师在很大程度上决定了一个人受教育后所形成的核心素养的高低。在由儿童到青少年的成长过程中，由父母播种培育的兴趣幼苗会因为遇到了优秀的园丁（对自己有影响力的教师）而生长、开花、结果，使人对某一事物的兴趣由“有趣—乐趣—志趣”发展。踏上社会意味着你必须适应社会，进行人际交往，与什么人多交往是一个人“事业有成”的重要因素。我想要告诉大家的是，一个人的成长，除了遗传因素和自身努力以外，同谁在一起也很重要。

父亲

——我的体育爱好的启蒙导师

常言道，父母是人生第一任启蒙老师，他们对我童年和少年时期的影响是任何人都无法替代的。我的父亲是那种富有激情、容易激动、比较感性的人，母亲则是典型的贤妻良母，属于理性类型。受家庭教育的影响，我的身上遗传着父亲兴趣广泛、不肯服输及母亲谦逊随和、处事周密的基因。要说培育我对体育的兴趣，并最终让我一生从事学校体育工作的引路人当数我的父亲。我的父亲兴趣广泛，喜欢摄影、绘画、书法、旅游、交谊舞等，尤其喜欢体育运动。据我母亲说，父亲于20世纪50年代担任共青团委书记，怪不得交谊舞跳得那么好。在我记忆中，我家有一台带“老虎皮”的德国照相机，节假日每次外出父亲都带着照相机给我们拍照，到现在家里还珍藏着厚厚的一大摞相片册。我出生在上海市长宁区，20世纪60年代上海成立闵行区后，由于工作需要父亲到远离市中心的闵行区工作，我们也就举家搬迁到拥有号称四大金刚（汽轮机厂、电机厂、重型机器厂、锅炉厂）的闵行。我的童年、学生时代都是在闵行度过的，闵行这片土地养育了我，也留下了很多我参加体育活动的回忆。

一、亲子活动

亲子活动对于当下的家庭来说是一项再普通不过的活动，独生子女家庭对孩子呵护有加，课余时间里孩子的所有活动几乎都由家长安排，假如孩子想进行体育活动的话，家长也一定会陪着一起玩。可在20世纪60—70年代，一般每个家庭兄弟姐妹至少三个，家长整天忙于生计，缺乏时间同自己孩子一起玩，更别说一起进行体育活动了，也压根没听说过什么亲子活动这个词。我在家里排行老大，有一个妹妹和一个弟弟，那时父母工作忙，常常早出晚归，除了保障我们的日常生活、学习外，根本无暇顾及我们的课余时间，自然照顾弟妹的重任就落在我这个年龄也不大的老大身上了。父亲在区政府和企业里担任一些行政职务，工作很忙，但绝对是个体育积极分子，经常带队参加各厂际之间的篮球比赛，每天必定要与技校的学生打一场排球比赛，还常常参加骑车、游泳和羽毛球等体育活动。记忆最深的是有一次父亲在打羽毛球时，由于发力过猛拉断了跟腱，他竟然独自一人单脚骑车到医院就诊。医生发现前来就医的老爸居然没人帮着搀扶，就问他是怎么来到医院的，当得知我父亲是一个人骑自行车来就医时，惊得目瞪口呆！父亲除了自己积极参与体育锻炼外，星期天或节假日常常领着我们三个孩子到户外进行体育活动，这也是我们最开心的时候。小时候我们家的前面有一块蛮大的绿地，我们都叫它“大院子”，非常适合锻炼身体，那时可没有广场舞，很多老年人三五成群地搁腿甩手、打太极拳，青年人则喜欢在此舞枪弄棒秀拳脚，习武强身。父亲一有空就带我们兄妹三个下楼打羽毛球、排球，在这个“大院子”里我们也算是另类的健身者。父亲总是很耐心地教我们打羽毛球时如何扣杀、如何防守，反手球怎么打等，为了提高我们的兴趣，常常给我们喂球，有时也会突然来个扣杀，考验一下我们的防守。在打排球时常常让我们一起大声报出来回垫、传、扣的数字，引导我们不断提高连续垫、传、扣的成功率。在我的记忆中，在体育亲子活动中父亲从来不责怪、训斥我们，总是以各种方法鼓励我们，如同现在提倡的“体育兴趣化”。

平时，父亲在我的眼里是有些威严的，但在体育亲子活动中，他却成了我们的教练、体育老师和球友，在其影响下，我们兄妹三人从小就对体育活动产生了浓厚的兴趣。

二、激情球迷

老爸是个超级球迷，但凡电台、电视台实况转播重大体育比赛，必听必看，还带着我们兄妹几个一起共享赛事的紧张和乐趣。20 世纪 60—70 年代一般家庭都没有电视机，我家通过一台老古董的收音机，收听实况体育比赛转播。当时听得最多的要数世乒赛的实况转播，入神时连饭都顾不上吃，真有点废寝忘食的味道。到了 20 世纪 80 年代，电视机逐渐进入普通家庭，大家可以坐在家里观看重大国际体育比赛实况转播了，当时播放最多的是女排、男足、乒乓球、体操等比赛，以及奥运会的赛事。随着屏幕中赛事的跌宕起伏，以及宋世雄语速飞快的赛事实况解说，父亲的情绪也随之时而激动，时而沮丧，还不时发表观赛感言。每到此刻母亲都会很不解地说：“又不是你在比赛，那么激动干吗？”可父亲却好像没有听到母亲的话语那样，仍深深沉浸在观赛的世界之中。受父亲的影响，我和弟弟妹妹也迷上了体育。

三、骑车郊游

20 世纪 60—80 年代，自行车是民众主要的交通工具，我国也因此被冠以自行车王国的美称。其实，一般家庭想拥有一辆自行车也不容易，当时自行车是要凭票买的，父母亲各有一辆用于上下班的自行车，一辆是 28 寸的永久牌，另一辆是 26 寸凤凰牌。我和弟弟妹妹年纪还比较小，只要母亲下班回家就拿 26 寸的自行车学骑车，为了能多骑一会，我们常常替她擦自行车，骑完了还得将自行车半推半扛地搬到三楼。星期天，父亲有时会带我一起骑车去郊外（如南桥）的自由市场买菜，为了能买到农民自家种的新鲜蔬菜和自家养的鸡鸭，常常天不亮就带着我骑行，从家里到南桥一个来回的路程要将近 20 公里，这对于当时只有小学三年级的我来说非常远。有时，父亲到好友家做客，也会拉着我和弟妹一起骑行，曾跟着父亲骑车串门到过吴泾热电厂附近，算算来回距离也要 20 公里。骑行最远的路程还要数节假日到舅舅家访亲，从老闵行到中山公园单程就要 30 公里左右，父亲和我各骑一辆自行车，沿着沪闵路骑行到中山西路，再到长宁路。一路上我骑内侧，父亲骑外侧保护我，骑行路上还不失时机地说些骑车的注意事项，鼓励我坚持到底。在父亲的鼓励下我总能以较快的速度骑到目的地，尽管到达终点下车后两脚有点发麻，走路都有点晃悠，但心里还是很得意的，因为对一个 10 岁左右的孩子来说，能完成这样的骑行很不容易。可以说，父亲带我从小骑行，磨炼了我的意志，锻炼了我的体魄，让我终身受用。

四、散养育儿

在我的学生时代，一般的家庭子女都比较多，父母是双职工的也居多，各家的孩子都是散养的。我的家庭也一样，父母由于工作很忙，平时无暇过多精养，作为老大的我承担了照顾弟弟和妹妹的任务。当今的中小学校门口，家长在子女上学、放学时接送孩子的场景绝对是一道风景，与之形成鲜明对比，我成为小学生的第一天是自己背着书包，独自从家里走了一公里路进入教室的。随着年龄的增长，我常常是约着同学跑着去上学，与同学结伴追着手扶拖拉机放学的。遇到雨天，上学和放学的路上常常是跑进一家商店雨棚下躲一下雨，又飞速跑向另一家商店避雨，从不撑伞。当时的学业负担不重，也没那么多的作业，放学回家后与不同年龄的邻居同学玩是最开心的课余活动。把书包往地上一放，就与小伙伴们一起玩“斗鸡”“逃将赛”“撑骆驼”“镶砖头”“打陀螺”“滚铁环”“打弹子”“顶橄榄核”“刮纸片”等，还会到周边小河里捕鱼捉虾，活动可谓花样繁多。每到夏天，会将竹竿制成类似于钓鱼竿的长竿，在竹竿梢部位装个塑料网套知了，或者将自行车内胆的橡胶用火熔化后粘在竹竿梢粘知了，遇到竹竿够不到的时候，干脆爬上树再用竹竿去抓知了。当时体育课并没有那么多课时，但“散养”时自主活动的时间比现在多得多，体能也会比现在不运动的孩子好。

由于受到父亲的影响，通过散养方式的磨炼，我和弟弟妹妹都喜欢体育，且具有较好的运动天赋，妹妹身高一米七五，从小在徐汇区少体校进行跳高训练，弟弟身高一米八四，曾有一次在徐汇区中学生 3000 米比赛中将第二名甩掉一圈（400 米）。我小时候在邻居同学中绝对是跑得最快的，“斗鸡”也是常胜将军，虽然我长得最矮，但我在体育活动中比较能动脑子。而在父亲的影响下，我和妹妹当了体育老师，弟弟则是企业里的体育骨干，在体育这个领域内，父亲绝对是我们第一位导师。

我的几任体育老师

每个人从他出生到走上社会，从自然人逐渐成为社会人这一过程中，父母无疑是首任老师，除了家庭教育对人的影响外，学生时代各学段的老师施加给他的教育程度决定了一个人的综合素养的高低。所以我比较赞成：良好家庭教育 + 优质学校教育 = 核心素养。在我学生时代的各个阶段都有幸遇到了几位极其优秀的体育老师，他们对我从小喜欢体育并最终成为一名体育教师起着十分重要的作用。

我小学就读于一号路小学（现上海市闵行区江川路小学），那是一所体育运动开展广泛，学生运动队成绩十分优异的学校。我的体育老师名叫潘德忠，他个子虽不高却长得很帅，在学生眼里是一位对体育积极、热爱，教学水平和指导能力很高、很强的体育教师。在潘老师的带领下，学校经常组织全校性的校体操队、田径队展示表演，常常在校内组织乒乓、篮球的校际比赛，校队的核心队员自然也成了全校人人知晓的体育明星，我和许多学生都成了他们的粉丝。当年最时髦的是国家乒乓球队所穿的运动队服：线衫配线裤，我们学校的校队运动员也都穿一身这样的运动服（学校借给队员的），非常气派。凭借先天遗传基因和父亲启蒙体育教育的基础，我也加入校田径队，天天穿着运动服在同学中显摆，还故意将穿在里面的线裤的裤腿露出来，好不得意，于是乎我在同学中也小有名气了。现在想来，在当时大力开展阳光体育运动，学校能在师生面前树立体育特长生形象，能很好地激发广大学生对体育的兴趣。

进入中学后，我遇到的体育老师更是在上海市大名鼎鼎的体育特级教师李华丰，我们学生在背后都亲切地叫他小李老师。我所就读的是闵行中学，是一所市级田径传统学校。由于我喜欢体育，又是同学眼里的“快马”，自然就参加了由李老师指导的校田径队。当时学校田径队带队老师有好几位，李老师是主教练，负责每天训练计划的制订。每天下午放学以后我都会很自觉地和同班同学，也是校田径队的秦敏、赵伟民等来到田径场，按照李老师事先在黑板上写的各组训练计划开始练习，而李老师则忙于在各项目组进行指导训练，周而复始从不间断。学生时代的我对李老师的印象是敬业、认真、严谨、专业，接受新事物的能力特强，他常常将最新的训练方法运用到日常训练之中。李老师非常敬业，为了自己的事业常常双休日、暑假都扑在工作中。记得每逢暑假田径队都要进行集训，还会将队伍带到松江二中，白天训练或与松江二中运动队进行对抗赛，晚上就在教室里，用几张课桌拼起来铺上席子，再挂个蚊帐入睡，虽然条件比较艰苦，但在李老师的带领下过集体生活可谓其乐融融。类似这样的暑假外出集训很多，印象最深的当属去崇明的那次，但确切的时间有些记不清了，大概是 1975 年夏天吧，那年暑期在崇明举办十个郊县的上海市中学生田径比赛，当时老闵行属于徐汇区，李老师带着我们闵行中学的田径队作为特邀代表参加了比赛，说是比赛其实是测验，因为我们队的比赛名次分不纳入赛会总分，比赛结果东道主崇明获团体总分第一，嘉定总分列第二，我们一支学校田径队累计总分竟然超过了嘉定，可以名列第二，可想而知，李华丰老师带的我们这支田径队有多厉害。

1977 年恢复高考，我踊跃报名。当时我在位于奉贤的农场工作，由于正值全连开河，职工一律不得请假，既没时间回家复习功课，手头又没有复习资料，更要命的是填报志愿时不知怎么填，当时假如咨询父母的话必须去邮局打长途电话，无奈中只能自己乱填高考志愿，还好最后拿到了师范学校的录取通知书，进入了上海第四师范学校体育班学习。也许是我在体育学科上有贵人相助吧，班主任李吟秋和薄全锋两位老师对我的学业帮助最大（薄全锋老师后来成为《体育与健身》小学教材的主编，上海市师资培训中心副主任）。其中印象最深的是 1979 年暑假，薄老师带我们几名学生进行田径训练，每天他手上都拿着一本记得密密麻麻的训练计划手册，每位队员的安静脉搏、训练强度、间隙时间、心率恢复情况都随时记录，使我从中学到了很多东西。临近毕业，学校安排实习，我被安排在上海第四师范学校附属小学（现为黄浦区师专附小）实习，带教我的老师是体育教研组长许正平老师（后担任原卢湾区教育局体卫艺科科长），他的指导使我懂得了什么是规范的体育教学。两年的师范学习生涯虽然很短，但却为我日后成为一名自以为比较优秀的体育老师打下了扎实的基础。

毫不夸张地说，我从小学到师范各阶段都遇到了非常优秀的体育教师，今天我能成为一名体育特级教师和上海市第一位从事小学段体育的正高级教师，都得益于他们对我的教育、帮助和影响，我真的很庆幸，非常感谢这些对我帮助很大的恩师。

我的体育教师生涯

1980年，我被分配到当时属于徐汇区的闵行小学当体育教师，校内体育科班出身的就我一个人，没人教你如何分析教材，更没人教你如何在课堂提高教学的有效性，一切都靠自己摸索。凭着我对体育的热爱和对业务的执着追求，我尝试教学各种教材内容，课后我常常写课后小结（那是我的自主行为，学校并没要求），每学期进行课后反思的汇总。每次外出听课，我都带一本教学笔记，把一些好的教学方法、器材、组织队形记（画）在这本子上。随着课后反思字数的增多，教学笔记的增厚，我的教学能力随之迅速提高，成为一名业务能力强、深受学生欢迎的体育教师。几年以后我还成了师范学校体育实习生的带教老师，上海市体育师范前几届的闵行实习生，以及闵行师范的体育实习生，都是我带教指导的。其中有位体育师范实习生曾经是我教过的学生，在小学读书期间体育成绩比较一般，但实习期间体操动作却特别棒，我很好奇地问他怎么会去考体育师范的，体操动作怎么做得那么标准？他的回答让我十分惊奇，他说："冯老师，小时候你给我们上跳'山羊'课，课后在我们学生的鼓动下，你将跳板放到离'山羊'2～3米的距离，进行示范，第一腾空身体平飞，第二腾空高高跃起，稳稳落地，看得我和同学们崇拜极了，从此我就特别喜欢上你的体育课，爱上了体操，中学毕业后我就报考了体育师范。"想不到体育老师的一个漂亮的示范动作无意中又造就了一名同行。

体育老师除了能上好课以外，还必须具备带运动队的能力。凭着对体育事业的热爱，仗着当时自己年轻力壮，我在带运动队方面可以说是全身心的，每天早出晚归，寒暑假也不休息，很少顾及家务。记得当时我的孩子还小，平时因为我忙于训练，照顾孩子的重任都落在了同一单位的妻子身上，偶尔去帮着妻子抱一会儿子，还闹出了一个大笑话，被几位调到我们单位不到一年的老师当作我在学雷锋，在帮助同事抱孩子，她们竟然不知道我是孩子他爸！可想而知我对儿子照顾有多么少！望着她们知道真相后惊讶的眼光，只能用

“我不是一位称职的父亲，可我是一位尽职的教师”自嘲。辛勤的耕耘必有丰硕的回报，我所带的田径队不仅在区里年年获得田径运动会团体冠军和迎春长跑团体冠军，还多次在上海市田径各类比赛中获得佳绩。如在上海市第四届小学生运动会田径比赛中获得男子团体冠军，上海市迎春跑中获得小学男子混合组团体冠军等。

由于工作业绩出色，我被领导提拔担任学校行政工作，尽管不再是一线的体育教师，但我对体育仍不忘初心，担任一定课时的体育教学，积极培养青年体育教师。在基层学校20多年，我亲手培养了很多热爱体育的学生和小运动员，目前闵行区很多体育教师都曾经是我的学生。我对体育的付出也得到了大家的肯定，1988年我有幸荣获首届上海市中小学“体育耕耘奖”，2000年被评上在当时基层小学为数不多的中学高级教师职称。

我的体育教研员历程

2002年，我再次回归体育第一线，只不过从事的角色不同，担任闵行区小学体育教研员。我深知一名优秀的体育老师不等于就是一位好的体育教研员，因为他们服务的对象不一样。为了当好教研员必须摸清本区体育教师的现状，通过一段时间的调查摸底，我发现存在以下三个主要问题：一是骨干教师教学研究能力不强；二是一般教师参与研讨的积极性不高；三是青年教师的培育机制不够完善。针对三个问题我开出三个应对处方，第一，让学科中心组承担更多的责任，将全区分成若干小组，每一小组8所学校，分别由一名中心组成员对应负责，每次区级教研活动前我都会带着负责该学校的中心组老师，一起到学校和体育组教师研究教材，听试教课，提出改进建议，区级活动的主持工作也请中心组成员承担，发挥骨干教师的作用。通过这样的传帮带，骨干教师的综合能力迅速提高，到如今可以做到同一天全区分三个区域同时举行公开教学培训研讨活动，主持人都由中心组成员承担。第二，针对一般教师在区级研讨活动不积极参与研讨的情况，我刚开始采用事先规定每所学校必须有一名代表发言的硬性措施，一段时间后逐步过渡到自由发言和随机指定发言相结合，到最后做到开放式的完全自主发言，可以说研讨活动是经历了一个从推话筒不发言到抢话筒发言的发展过程。第三，为了培育青年教师，我成立了区青年体育教师研修班，通过重点指导、搭建舞台、任务驱动的方式进行培育，成效显著，涌现出了一大批优秀的青年体育教师，他们当中有获得全国、上海市教学评比一等奖的，还有很多青年教师迅速成为区级骨干教师。

针对我区地域面积广，学校间体育教学水平差异大的情况，大力推进校际联合教研活动，联合的形式主要是“同质联合”和“异质联合”。所谓“异质联合”是指：由一所教研水平高的学校带领若干教研能力弱的学校定期开展联合教研。“同质联合”是指：若干所教研水平相当，各有特长的学校体育教研组定期开展联合教研。教研员则主要在其中起着牵线搭桥、扶持指导的作用。

由于教研策略正确，这些年来闵行区的小学体育教研工作取得了公认的成效，教师队伍成长迅速。比如在历次上海市中青年体育教师教学评优活动中都取得了一等奖的好成绩，课堂教学整体水平明显提高。

要说有什么经验的话，我认为要做好体育教研工作，主要是以下几句话：真心帮助教师，全心为学校服务；提高教研员自身专业水平，在拥有职务威信的同时树立专业能力威信；带好骨干教师和青年教师队伍，以两头带中间；业务上与市教委教研室的教研方向一致，不断创新区级教研模式；努力提高与基层学校领导特别是与校长的联络的艺术。

良师启迪　智慧前行

时光如梭，从事学校体育已将近 41 年了，自己也从一名意气风发、充满朝气的青年教师变成了年越花甲的老教师。人们常说一个人经常怀旧就意味着人老了，我现在也常常会停下脚步，回望自己这一路走来的历程，其中有我主动的怀旧，也经常有一些即将毕业的研究生、博士生或报社来采访我，让我谈谈是怎样从一名普通的基层体育教师，成长为上海市体育特级教师和体育学科正高级教师的经历，说说我的所谓成功之道，还说这样的发展经历对青年教师的成长有借鉴，想想这也算得上是一项公益活动吧，也就常常欣然被动“怀旧”。

一、厚积薄发的经历

1980 年，我开始了体育教师职业生涯，那时没有师傅带教，更别奢望得到教研员的亲临指导。我对教材中的各种项目都进行了实践，敢于教授跳“山羊”、爬竿、跳高、投掷、球类等项目，课后我还常常独自思考课的成败得失，并在教案上写下即时的反思，每学期结束时细细研究全部的课后小结。每次外出听课，我都带一本教学笔记，把一些好的教学方法、器材、组织队形记（画）在本子上。随着课后反思字数的增多，教学笔记的增厚，我的教学能力也成正比地提高。

通过传承恩师的训练经验，结合着小学生的身心特点，凭着对体育事业的热爱，仗着当时自己的年轻力壮，开始了我的带队生涯。我的带队经验是：激发兴趣 + 精准选材 + 科学训练 + 全心投入。辛勤的耕耘必有丰硕的回报，我所带的田径队不仅在区里年年获得田径运动会团体冠军和迎春长跑团体冠军，还多次在上海市田径各类比赛中获得佳绩。

二、华丽转换的角色

2002年，我离开工作了23年的学校，由一名基层学校的行政管理者再次回归体育第一线，并担任闵行区小学体育教研员。在角色转换的过程中，有件事对我触动很深。

刚接手教研员工作的第一天，我虚心向吕文忠老师求教工作事项，有意思的是他一语不发，拿一张白纸和一支笔飞快地画着什么，我观察发现原来是闵行区各学校的分布图，随后他把手绘地图递给我，对我说："教研员由于经常跑到各学校去指导教学，拿着这张图就有方向了。"我被吕老师的敬业精神深深感动，能画出全区那么多所学校的准确位置，说明他平时深入基层，这份手绘地图给我指明了教研工作的方向。

由于教研策略正确，这些年来闵行区的小学体育教研工作取得了公认的成效，教师队伍迅速成长，我个人的教研员生涯也步入成熟期。比如在历次上海市中青年体育教师教学评优活动中都取得了一等奖的好成绩；本人也在2011年获得了"2010年度上海市基础教育教研员专业发展评选"一等奖，总分排名第二。

要说有什么经验的话，我认为要做好一名深受基层学校领导和教师欢迎的教研员，必须做到：真心帮助教师，全心为校服务；提升专业水平，树立自然威信；带好骨干、青年队伍，促进队伍提升；做好市、区联动，创新教研模式；提高交流艺术，取得领导支持。

三、"偷"学而来的本事

我的很多专业上的本领都是靠"偷"学而来的。因为在学校体育领域里有很多有本事的老教师、专家和大师，在他们那里蕴藏着丰富的中小学体育教育的"财富"，这些宝贵经验对你的成长来说不可或缺，关键是这些本事如何能变成自己的本领，我的策略是"偷"学。当年，我在进行田径训练的时候，每天把李华丰老师和薄全锋老师带我们训练的内容"偷"记在小本子上，有空就去揣摩其中的道理，若干年后就成了我当体育教师时制订训练计划很好的蓝本。在学校当体育老师那会，每次区里进行公开教学时，我总喜欢坐在有经验的老教师或教研员旁，因为在听课过程中他们会边听边议，我可以近距离"偷"学点东西。在教研员生涯中，我喜欢听市教研员徐燕平老师的评课，她的评课斯文而睿智，常常用如诗般的语言诠释体育；喜欢听市教研室副主任陆伯鸿的讲话，他擅长比喻，知识广博，风趣幽默。在教研行事风格上，我比较推崇市教研员王立新老师"想明白了才做，想明白了坚持做"的工作策略。在对体育学科的认识和对教材的理解上，我从特级教师徐阿根和项乔荣两位老师身上学到很多东西，汲取了智慧养料。以上这些本事很多都不是他们单独教我的，更多的是我主动去“偷”学来的。所以，从某种意义上来说我是“偷”学成才的。

坊间有这么一句话：一根绳子绑在白菜上，就算白菜价，这根绳子如果绑在阳澄湖大闸蟹上，就是大闸蟹的价。在生活和工作中又何尝不是这样，你的生活和工作圈子是怎样的，你就会成为怎样的人。我很有幸与那么多的良师益友为伍，我的做人哲学是：远小人，近能人，“偷”高人。

四、嗅觉敏感的科研

对于体育科研，一般的老师都有点发怵，起初我也是如此。我是从模仿、揣摩别人的课题和论文开始起步的，后来担任了学校的科研室主任，参加了市级的专门培训，再加上自己的不懈努力，在教育科研上取得了一定的成绩。近年来有 38 篇（不完全统计）论文发表在全国、市级专著和刊物上。撰写的论文在近五届体育学科最高等级的全国体育科学大会论文评比中连续获奖，其中一等奖 3 篇、二等奖 4 篇、三等奖 3 篇。

对于体育科研而言，我的体会是选题最为关键，在这方面我有比较敏感的专业嗅觉，这或许与我名字中带个“敏”字有关，我会选择一些新的领域（热点、难点）进行研究，这个“新”体现在研究别人没有涉及的研究领域，或者尽管别人已经研究过了，但选择不同的、更有深度的研究角度。探索未知中，具有前瞻性是教育科研的实质。比如曾经在全国学校体育科报会获得过论文一等奖的“小学《体育与健身》器械项目教学的现状与对策”，在当时来说是具有创新点的。罗丹说过：“生活中不是缺少美，而是缺少发现美的眼睛”，我们要用敏锐的专业嗅觉去发现身边的研究课题，通过开展研究，解决新问题、解决难问题、解决真问题，在这个提倡创新的时代里为学校体育作出贡献。

五、任务驱使的“领跑”

在长跑比赛中总有人在前面领跑，这些领跑的运动员有的是实力超强领跑，有的则是教练安排的战术。在中小学体育教研员当中，本人并不属于那种实力超群的人，只不过做事比较认真、善于思考，又有多种工作岗位的经历。

承蒙两位上海市体育教研员的厚爱，让我参与了市教研室很多项目的研究和实施，并担任研究项目组长，常常被动成为工作中的“领跑”者：如中小学《体育与健身》学科教学装备标准的修订、小学《体育与健身》学科学习准备期的研究、中小学体育单元教学设计指南研究、中小学体育学科彰显中华优秀传统文化的实践研究等。正是在众多“领跑”中增强了自己的综合能力，我才会在 2011 年荣获上海市体育特级教师称号，2017 年晋升为上海市体育学科正高级教师。

常言道：能人多干事。我的经验是：多干事成能人！所以作为从事中小学体育工作的广大教师，要敢于成为干活的“领跑”者，特别是年轻教师要撸起袖子加油干，最终成为各自单位、区域甚至更高领域的“领跑”者。

我很喜欢观看 F1 赛车比赛，尤其崇尚弯道超车的美感。我的教育生涯如同一辆在 F1 赛道上的赛车，假如说有什么体会的话，可以概括为：“起点”蓄力 + “弯道”超车 + “直道”全速 = 成功。“起点”蓄力是一种厚积薄发的必须经历，“弯道”超车是一种智慧、胆识的体现，“直道”全速是一种对事业的态度。在我的教育生涯中有幸得到了很多良师益友的引领和助力，我也用自己的努力和智慧不断去超越自我。而今，虽然我这辆赛车有点老旧了，但只要还能跑，我会继续前行在学校体育这条充满活力的“赛道”上。

注：此文 2018 年 8 月发表于《修炼——百位特级谈教师专业成长》一书中。

理念篇：
我眼中的学校体育教育

篇首语

教育理念是教育主体在教学实践及教育思维活动中形成的对“教育应然”的理性认识和主观要求。常言道：有怎样的教育理念，就有怎样的教育行为。为了具备良好的教育行为，人们常常或被动，或主动地去学习和接受新的教育思想，然而真正形成自己的教育观念离不开教学实践和深邃的思考。我亲身经历了上海“一期课改”和“二期课改”，伴随着上海市中小学体育与健身学科改革走过了30年，在不断实践和思考中逐渐加深了我对中小学体育教育的理解，本篇中所收录的几篇稿子就是我在教育实践中的一些思考。

体育的启蒙教育

——同小学生谈如何学习体育

小学阶段是一个人健康成长的关键时期，小学体育教育对发展学生的身体素质、培养体育兴趣、学习基础运动技能、养成正确的健身习惯、建立基本的规则意识、培育良好的意志品格都具有无可替代的作用。我从事小学体育教学和研究工作已有 37 个年头了，如何让小学生更好地学好体育，一直是我思考和研究的问题。下面我就和小朋友聊聊作为一名小学生应该如何去学习体育。

一、认识体育运动

1. 认识体育场地、器材

假如你是刚进入小学校园的新生，你的体育学习首先是从认识一些基本的体育场地和器材开始。体育课上老师会带领你们进入操场，让大家认识田径场，告诉你们跑道是用来跑步的，而中间的大草坪可以做广播操、踢足球、做体育游戏；来到沙坑旁，建议你进入沙坑跳一跳，老师会告诉你沙坑是用来跳高和跳远的；你还会认识那高高的篮球架，旁边像梯子一样的器材是肋木，那边成排的架子是双杠和单杠。进入体育馆，你会看到很多体操垫和跳箱。来到体育器材室，那些圆圆的是篮球、足球、排球、实心球、垒球等，还有长短绳、乒乓球、羽毛球、滑板、呼啦圈等，这些都是小学生应该认识的。

2. 认识我们的体育课

课表中每周有三节体育课，每个星期我们要和体育老师至少见三次面。在体育课上老师会带领我们排成各种队形，有横队，有纵队，有密集队形，有体操队形，还有散点的队形，不同的队形主要是便于我们安全有效地进行各种健身活动。每节课还要进行热身和整理运动，这是防止受伤、更好学习体育的一环。小学的体育课，体育老师会经常采用游戏化的方法带领我们学习体育，通过体育游戏我们可以体验各种健身内容，学习最基础的运动技能，了解基本的健身知识，认识多种运动项目和相应的场地器材，希望同学们认真上好每节体育课。

3. 认识基本的运动项目

作为一名小学生你还应该认识很多基本的运动项目。通过体育课或者学校的田径运动会，知道短跑、中长跑、接力跑、跳高、跳远、投掷垒球和铅球等项目；通过学校的体育节了解足球、篮球、乒乓球等项目；通过参与或观看学校体育传统特色项目，认识曲棍球、击剑等项目；通过电视、互联网等媒体，欣赏网球、射击、冰上运动、高尔夫、斯诺克等运动。

二、体验运动乐趣

1. 体验体育游戏的快乐

游戏人人喜欢，小学生更喜欢，但我要告诉小朋友们，体育游戏与一般的游戏是有差异的，体育游戏除了有趣以外还必须具有健身功能。小学阶段的体育游戏主要是在体育课、体育活动课中进行，如跑、跳、掷的游戏："大渔网""造房子""打龙尾"等；攀爬、支撑与悬垂的游戏："蚂蚁搬家""支撑平移接力"等；滚翻、韵律游戏："接龙滚翻""人体造型"等。这些体育游戏不仅有趣，还能锻炼身体，学会一些基础运动技能，同时，在体育游戏中还可以结交很多好伙伴，掌握好多游戏方法和规则。

2. 体验运动竞赛的魅力

胜负是体育运动的魅力所在，在健身活动中有很多小型多样的体育竞赛，小学阶段更多的是以集体比赛的形式出现。如低年级的"迎面接力跑""打龙尾"等；中高年级的"运球接力""踩石过河"等。我们应该积极参与各种体育竞赛，体验体育竞赛过程的乐趣，体验团队合作争胜的愉悦，体验经过努力取得胜利的快感，培养自己克服困难、永不言败的精神。

三、学习基本体育活动技能

1. 体验基本运动项目

体育运动项目有着自身的运动技能和战术，小学阶段是学习基本体育活动技能的基础阶段。体育课中我们应该仔细观察老师的示范，尝试着去模仿，主动和同伴一起体验所学的内容的基本动作要领；在校外主要通过亲子活动、参加各类健身培训班基本运动项目，学习基础运动技能。这些最基本的基础运动技能的体验和学习，为你今后初中阶段的“体育多样化”、高中阶段的“体育专项化”学习打下良好的基础，更将为你一生的体育技能获得打下扎实的基础。

2. 简单运用基础运动技能

学习是为了运用，你应该将自己学会的基础运动技能运用到体育游戏、体育比赛、亲子体育活动和日常生活中去。如你可以和同学结伴进行体育游戏，在师生面前展示武术动作、跆拳道动作等；节假日、双休日，你应该经常和父母一起进行体育锻炼，学习和巩固基础运动技能；在日常生活中更应该将自己学会的本领加以运用，如遇到障碍物能合理跨越障碍，跌倒时能顺势团身，不慎落水时能游泳自救等。所以基础运动技能不仅可以让你更好地健身，还是一种生存技能，好好学习体育本领噢！

四、适应运动环境

1. 适应多变的健身气候

身体适应不同气候条件的能力是衡量健康水平的重要指标，体育活动大都在室外进行，一年四季气候变幻，你的身体能否适应炎热的温度、低温的寒冷、多变的风向和风力都是一种考验。同学们要善于在各种天气条件下参与体育健身活动，主动适应运动环境，“夏练三伏，冬练三九”，这对抵御疾病，增强体质，提高适应运动环境的能力起着举足轻重的作用。

2. 适应多样的运动场景

学习体育除了要面对多变的运动气候外，我们所处的运动场景也是多样化的。在体育课上你面对更多的是人造运动场景，如在进行障碍跑接力时，你可以采用绕、跨、跳、钻、翻、爬等方式体验各种过障碍的练习和游戏，并在快速奔跑中找到适合自己的合理越过障碍的方法。除了人造运动场景外，你还可以在自然场景中进行锻炼，如利用校内的自然地形进行跑步，或者双休日和父母在公园等安全的场景中进行跑步。多变的自然环境对提高自身的适应环境能力很有帮助，还能终身享用体育带给你的适应各种自然环境的能力。

五、学会合作与竞争

1. 学着与他人、团队合作

在小学阶段学习体育，无论是做体育游戏还是进行小组间的比赛，都需要与他人合作进行健身。你必须学会与同伴交流、合作互助，必须融入团队与小组成员分工合作，争取胜利。如在进行“大渔网”游戏时，你要和“拉网”的同伴步调一致，齐心协力“捕鱼”，要知道假如“拉网”者想法不一、各行其是，那将自破“渔网”，空手而归。总之，通过学习体育你要学会与他人合作，从小树立团队意识。

2. 敢于面对挑战和竞争

学习体育，你就要敢于面对各种挑战与竞争。这些挑战与竞争来自自身、来自他人，也来自学习内容，还来自健身环境。如学习跨越式跳高时，你面对的横杆会不断升高，你要在认真学习跳高技能的基础上，敢于挑战自我，勇于征服一个个高度，当跨越失败时绝不气馁，因为跳高项目都是以失败来结束比赛（练习）的；而在耐久跑练习中对你最大的挑战就是能否坚持跑完全程，你要学会正确的呼吸方法，合理地分配体力，努力去超越同伴，坚持跑完全程。只有敢于挑战、勇于竞争，才能获得成功的快乐。

3. 建立规则意识

体育游戏和比赛都有相应的规则，这些规则是每一位游戏和比赛参与者必须遵守的。小学生应该从小树立规则意识，在游戏和比赛中自觉成为规则的遵守者和维护者。如在进行接力比赛时，没听到老师的发令声绝不抢跑，没接到本组同伴的接力棒时绝不提前跑出，如遇有同学犯规应及时劝阻，合力营造公平竞争的比赛环境。要知道只有从小树立规则意识，长大了才有法律意识。

六、初步懂得如何健身

1. 知晓基础知识

在小学阶段，你要学习很多运动知识、安全知识和健康知识，做到科学健身。这些健身的基础知识大多是老师教授的，或者是从父母那里获得的，假如你主动从书籍、网上获取体育的各种基础知识的话更值得赞赏。但是光知晓体育的基础知识还是不够的，还应该将学到的知识用于实践。比如，学习“保健常识”，在运动后你要养成洗手的良好习惯；学习“少儿健身方法介绍”，从家到校的路可以让父母别再用车接送，而是改为和父母步行。只有理论和实践相结合，用学到的健身基础知识指导体育锻炼，才能使自己的身体更棒。

2. 懂得合理的健身着装

上体育课必须穿运动服和运动鞋，这既是必须遵守的体育课常规，也是你参加各类体育活动必须懂得的运动安全常识。另外，很多运动项目都有各自的运动服装和鞋，如田径运动员脚上穿的是钉鞋；冰上运动时运动员脚上穿的是冰刀；雪上运动时运动员脚上穿的是雪橇；足球、篮球、排球、网球、羽毛球、乒乓球运动员的鞋子均有差异；游泳、田径、篮球等很多项目都有自己的运动服装。懂得这个道理，以后体育运动时一定要合理着装。

3. 掌握简单的热身与放松方法

每节体育课体育老师都会带领我们做准备活动，同学们在老师的带领下进行慢跑、做操，活动一下关节和肌肉，拉伸一下韧带，慢慢提升一下心肺的工作状态，激发一下健身的欲望。这是因为在参加体育活动前通过热身能使我们的身体尽快进入能承担一定强度的运动状态，防止发生运动伤害事故。临近下课时老师又会带领我们做放松整理运动，这是为了使我们的身心慢慢地平静下来，运动过的肌肉给予必要的放松。懂得了这些道理以后，平时你进行健身时，也要养成每次体育锻炼进行热身和放松的习惯。

4. 知道健身安全常识

健身时如果不懂得安全常识、不注意安全防范很容易发生一些身体伤害事件。除了上面说的运动服装、热身与放松外，还应该懂得与他人保持必要的安全活动空间，遵守运动时的规则，听从老师的指挥，学会必要的自我保护方法：如进行 50 米快速跑时必须各行其道，集体进行“前掷实心球”时必须听到老师的信号再出手，不在坑坑洼洼、硬质的地面进行跑跳练习，不小心摔跤时采用团身滚动的方法自我保护等，从小树立运动安全意识。

5. 关注自身体育锻炼与身体发展状况

你应该经常关注自己的体能情况，可以对照《国家学生体质健康标准》和体育课评价表，了解自己在本年龄段中的体能状况和体育成绩。假如你的体能状况和体育成绩不佳，可通过体育老师、家长的帮助来分析原因，制订个性化的健身计划，确定锻炼目标和相应的锻炼内容，提高身体素质和运动成绩。假如体形偏胖，还应该注意营养均衡和总热量的控制，经常性地进行有氧运动，只要持之以恒，你一定能获得一个很健壮的身体。

七、喜欢观看体育比赛

1. 经常观看体育比赛

经常观看体育比赛可以获取知识，享受体育项目带来的魅力，一些体育明星还可能成为你学习的榜样。

2. 养成文明观赛的习惯

在观看体育比赛时，你要从小养成文明观赛的习惯，成为一名有修养的、有水平的文明小观众。在公共场合观看比赛，必须遵守赛场的规定，如在观看网球比赛中，要保持球场安静，尊重裁判、尊重运动员，不喝倒彩，不向比赛场地内扔东西，不影响其他观众观看比赛等，保持较好的观赛水平。自觉维护赛场的环境整洁，比赛结束后自己座位周围不留半点杂物。

3. 寻找体育运动的美

在观看体育比赛时要学会用你的感官去感受美、发现美。首先要学会欣赏体育运动项目特有的美，如举重项目的力量美、艺术体操的形体美、100 米跑的速度美、篮球比赛中令人叫绝的传切、过人、扣篮的技艺美等。同时还要善于发现体育比赛中尊重裁判、尊重对手、尊重观众的君子之美。体育之美无处不在，我们要善于发现美、感受美、欣赏美、践行美。

八、培养经常锻炼的习惯

1. 积极参与课程内的体育健身活动

体育课、体育锻炼课是小学阶段进行体育健身的规定课程，也是学习体育技能、发展体能、培养体育兴趣的基本途径，这就如同体操项目中的规定动作。小学生应该认真参与体育课、体育活动课的各项体育游戏和健身学练，从体育课堂中获取多种最基本的运动知识、安全知识和健康知识，学会最基础的运动技能，激发对体育的兴趣，养成在体育课程内积极锻炼的习惯。

2. 自觉参加课间和校外的体育活动

假如体育课、体育锻炼课是健身的规定动作的话，那么课间和校外的体育活动就如同自选动作。课间和校外也是学习体育的一个重要途径。同学们可以根据自己的兴趣和场地器材条件，在课间与同伴跳绳、踢毽子、拍皮球、投篮；放学后约同学踢球、掷飞盘、滑轮滑等，从小培养自主健身的意识。

3. 经常进行亲子体育活动

父母往往是小学生学习体育的第一位老师。亲子体育活动由于学习氛围温馨，对小学生体育兴趣的培养有着不可替代的作用。父母可在休息日带孩子到户外、体育馆进行亲子体育活动，感受家庭的温暖，运动的快乐，并成为家庭生活中的重要部分。

最后，希望大家热爱体育、懂得健身、喜欢观赛、身体健壮！

注：此文是“第一教育”微信平台和“上海特级教师”微信平台联合推出“特级教师公开课”栏目：公开课第三十一讲；2016 年发表在《师德匠心——特级教师给学生、家长和教师的 60 堂公开课》一书上。

对“小学体育兴趣化”课程改革的理性思考

一、背景

2012年上海市率先启动了高中体育专项化课程改革，并取得了一定的效果。为使义务教育阶段体育教学尽快适应体育课程改革，沪教委体【2015】30号《上海市教育委员会关于进一步推进学校体育课程改革试点工作的通知》，正式启动“小学体育兴趣化、初中体育多样化、高中体育专项化”体育课程改革试点工作。

徐汇、闵行、宝山三个区为整体试点区，各区1所小学为小学体育兴趣化试点校，进行了包括体育课、课外体育活动、体育社团、运动队训练、学校体育竞赛等在内的学校体育整体改革试点工作。

二、对“小学体育兴趣化”的理解

小学体育兴趣化、初中体育多样化，是在高中体育专项化试验成果的基础上，自上而下地倒逼课程衔接体系，是高中体育专项化课程的进一步深化改革，是为高中体育专项化（掌握体育知识和1～2项体育运动技能）打基础的，是以培养学生学科核心素养：“自主健身”为目标的。

初中阶段主要是为学生搭建体验多种运动项目的平台，在对多种项目的体验过程中发现符合自身需要的项目，为高中体育专项化学习奠定牢固的基础。因此，初中阶段的体育课程实施相对于高中而言，对某一体育项目的学习持续时间相对短，学练项目多。假如说高中长课程是常态的话，初中则是短课程、换课程为常态。另外，项目的多样是有限的，学练的多样体验是无限的，教师应给予学生多种体验的时空。

小学阶段的体育，主要是初步了解各种基础性的体育知识技能，感知体育项目，通过游戏化、情境化和竞赛的方法手段来学习体育，培养小学生对体育课的兴趣和对众多体育项目的兴趣。

三、对“小学体育兴趣化”的思辨

（一）行政宏观统领

小学体育兴趣化、初中体育多样化是一项由市教委推出、自上而下的体育课程改革，因此，必须在市教委的领导下，在市教研室的总体指导下进行试点，必须在基于课程标准的基础上进行试点工作。

（二）凸显体育课程本质

实施小学体育兴趣化必须正确处理：1. 兴趣与健身实效的关系；2. 兴趣与技能习得的关系。

我认为衡量小学体育兴趣化的课程改革是否成功的标志主要体现在：我们的体育课程实施是否能根据小学生的年龄特征，创设趣味课堂，在体育教学中通过游戏化等方法、手段，更好地激发学生学习体育的兴趣，并以此更有效地促进体育知识技能的习得和体能的发展。第一，小学体育兴趣化改革必须有效促进学生更好地参与健身，提高健身有效性，决不能为了兴趣而兴趣；第二，“兴趣化”必须体现在体育知识技能学习的过程中，我们倡导的应该是体育知识技能学习的游戏化，决不能因兴趣化而弱化体育课程的本质，忽视了必要的体育基本技能的学习。

（三）遵循学生认知规律

小学一、二年级的体育学习，应该在游戏化的综合基本活动中激发对体育活动和体育课的兴趣，在活动中体验最基本的动作技能。

小学三、四、五年级的体育学习，应该在体育项目学习中采用游戏化的方法。

整个小学段的系统衔接：游戏化强度随着年级的下降而随之增强，反之，项目化的程度随着年级的递增而增强。小学低年级更重视综合活动，中、高年级更注重主教材（第一个内容主题）的教学。

（四）整体实施

小学体育兴趣化是一项课程改革，这项课程改革不仅仅局限于体育课，还包括课外体育活动、体育社团、运动队训练、学校体育竞赛等，是一项学校体育的整体改革。作为试点工作，经验一定是出自广大基层学校，所以又是一项自下而上的改革，作为基层学校应该从以下几点来推进：

1. 在《体育与健身》课堂教学中全面推进小学体育兴趣化，在准备活动、内容主题、放松整理部分通过有针对性的方法、手段激发学生兴趣。

2. 在体育活动课、阳光体育活动中通过开展丰富多样的、适合小学生年龄特征的体育活动，全面落实小学体育兴趣化。

3. 在室内外广播操时段通过操的多样化、校本化来全面落实小学体育兴趣化。

4. 在学校体育运动会、小型竞赛和体育亲子活动中全面落实小学体育兴趣化。

5. 在学校运动队训练、体育社团活动中全面落实小学体育兴趣化。

四、措　施

（一）课堂教学

1. 内容主题（主教材）处理

低段年级综合组合；体育项目拆“整”为“分”；体育比赛化繁为简。

2. 教学体现“七个化”

（1）教学内容多样化。创设贴近学生生活的、新颖的项目（教学内容），激发学生的学练积极性。

（2）教学场景情境化。根据小学生的年龄特征，鼓励采用情境化的教学方法，让小学生在一定的情境主题中进行健身。

（3）方法手段趣味化。积极采用游戏化、竞赛化的方法手段，将技能学习游戏化，把枯燥内容有趣化。

（4）场地器材童趣化。积极配置、自制体育器材，力争做到：颜色鲜艳，规格适宜，安全实用。

（5）教学语言形象化。通过暑期培训、日常专题研训强化体育教师的专业性，力争让教师在课堂上有生动形象的口头及肢体语言表达能力，示范规范优美，具有感染力，用教师的激情来激发学生的学练积极性。

（6）教学评价多元化。通过纵向评价、激励性评价，以及各种适合儿童的评价手段，激发学生的学习积极性。

（7）热身放松需强化。鼓励通过音像媒体进行热身和放松；开展热身、放松操创编活动和教师的相关培训，以有趣多样的热身和放松活动激发兴趣。

（二）体育活动课、阳光体育活动

各校开设丰富多样的体育项目，为体育活动课、阳光体育活动的兴趣化提供“菜单”，供学生“品尝”。定期开展小型、多样的体育竞赛，激发学生对体育运动的兴趣。

（三）学校运动队训练、体育社团

各校根据本校的特点，积极设置体育传统特色项目，为学生的体育个性特长的培养提供平台。

分年龄段开设以体育项目为主的体育校本课程，以短课程为主。

（四）学校运动会、体育节

定期开展校运动会、体育节，将运动会内容由专业化向游戏化、亲子化转变，使学校运动会、体育节成为激发学生体育兴趣的盛会。

（五）定期开展体育游戏节

创编室内、室外的体育游戏，定期开展全区体育游戏比赛。

五、保　障

1. 建立区推进小学体育兴趣化领导小组以及工作小组。

2. 各小学建立由校长负责的推进兴趣化机构。

3. 将“小学体育兴趣化”作为各类各级教学研究活动的主要专题，作为考核课堂教学的重要指标。

4. 从经费上保障体育兴趣化的推进，如购置、配置新颖的体育器材，定期开展小学体育兴趣化课堂教学，配备课题研究的专项经费等。

开启“三化”模式　培育核心素养

摘要：培养学生体育核心素养是基础教育阶段《体育与健身》课程的目标，“小学体育兴趣化、初中体育多样化和高中体育专项化”是上海市推出的一项体育课程改革。本文就如何通过有效推进此项改革来培育学生的体育核心素养进行了阐述，希望能对读者有所启示。

关键词：体育；核心素养；兴趣化；多样化；专项化

一、体育素养的追问

（一）对国民体育素养的断想

“核心素养”在当下绝对是一个热词，整个教育界都在热议学生发展核心素养，各学科也都在探寻本学科的核心素养。作为多年从事基础教育体育教研工作的我，自然会从体育核心素养上去思考问题并产生联想，而我首先想到的是国民的体育素养。随着中国经济30年的飞速发展、生活水平的快速提高，人们关心的早已不再是温饱问题，而是对健康身体的祈求，对优质生活的追求，很多人逐渐把体育活动作为生活中必不可少的一部分。由此，我在想这样的一个问题，作为世界第二大经济体的国民应该有怎样的体育素养？他们应该是：热爱体育活动，自觉锻炼身体，懂得科学健身方法，擅长至少一项运动项目，喜欢观看体育比赛，享受体育运动快乐……那么，这些体育素养从何而来，基础教育阶段体育教学在培育学生体育核心方面应当承担怎样的使命？

（二）对基础教育学生体育核心素养的思考

在回答上述问题前，首先必须搞清楚什么是学生发展核心素养，什么是学科核心素养，什么是体育学科核心素养。

1. 学生发展核心素养

学生发展核心素养是学生在接受相应学段教育过程中，逐步形成的适应个人终身发展和社会发展需要的必备品格、关键能力和价值观念。

2. 学科核心素养

学科核心素养（简称“学科素养”）是学生学习一门学科（或特定学习领域）之后所形成的，具有学科特点的关键成就，是学科育人价值的集中体现。

3. 体育学科核心素养

普通高中体育与健康课程标准对学科核心素养的表述：体育与健康学科核心素养是学生发展核心素养的重要组成部分，是学生在体育与健康学习过程中形成的基本知识、技能、方法和情感、态度、价值观等的综合表现，集中反映了体育与健康学科特性的、学生所具有的重要品质和关键能力。

体育与健康学科核心素养包括：运动能力、健康行为和体育品德三个方面。

4. 上海对学生体育核心素养的研究

上海根据本区域城市发展的定位、海派体育文化特色和学生的发展需求，提出以“自主健身”为体育与健身课程的核心价值。

运动认知、健身实践、社会适应是构成自主健身的三个关键能力，它们共同组成了体育学科的核心素养。（图 1）

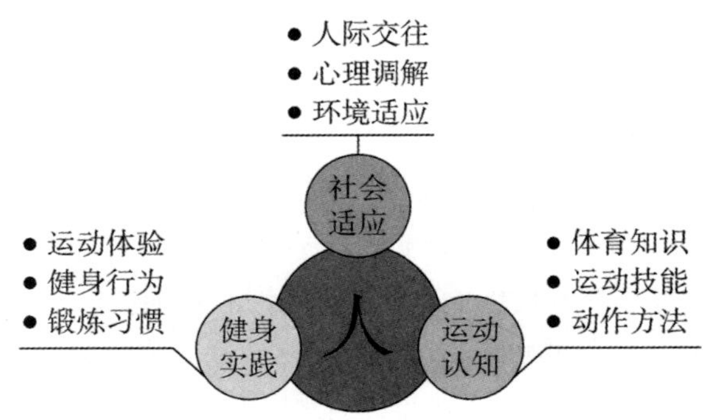

图 1　体育学科“自主健身”核心素养图

自主健身：是学生个体能够适应未来社会、促进终身锻炼、实现人的全面发展的基本保障。

运动认知：是指对体育知识、运动技能、锻炼方法等获得、转化和评价的能力（伴随着思维、理解和感悟等活动）；是自主健身的先决条件，具备一定的运动认知能力，学生将会有效地选择适合自己的体育学习方法，提升自主健身的层次和水平。

健身实践：是在身体练习中，根据运动认知等条件主动参与、练习和比赛的能力（伴随着动机、态度及价值取向等活动）；是实现自主健身的载体，具有良好的健身实践行为，学生将会持续地自我锻炼并获得身心愉悦感，自主健身就有了坚实的支撑。

社会适应：是在体育健身活动过程中，个体心理、自然环境、人际交往等的适应能力（过程伴随着调节、控制、管理等活动）；是自主健身的呈现结果，具有稳定的社会适应性，学生将在运动认知和健身实践的逐步整合与达成中，得到十分重要的催化作用，自主健身就能表现出知、行、意的合一。

二、培育途径的架构

鉴于上海市高中学生在体育核心素养养成方面存在的问题，如经过多年的学校体育学习，还有一些学生对体育运动不感兴趣，没有学会一项体育运动技能，更谈不上养成自觉锻炼的习惯等。2012 年上海市率先启动了高中体育专项化课程改革，建构了一条“小学体育兴趣化、初中体育多样化、高中体育专项化”（简称“三化”）相衔接的、12 年系列化的培育学生体育学科核心素养：“自主健身”的通道。

三、“三化”的探索实施

（一）小学体育兴趣化

以“趣”字统领：通过情境设置、游戏比赛、童趣语言、新颖器材、评价激励和形式多变的方法手段来营造趣味课堂，以趣促学。培养学生对体育课、体育活动和体育项目的兴趣，以及良好健身习惯和基本活动能力，为初中体育多样化打下基础。

在体育教学中要体现“六个化”：

1. 教学内容多样化：创设丰富的“菜单”，用贴近学生生活的、新颖的项目（教学内容）激发学生的学练积极性。

2. 教学场景情境化：根据小学生的年龄特征，鼓励采用情境化的教学方法，让小学生在一定的情境主题中进行健身。

3. 方法手段趣味化：积极采用游戏化、竞赛化的方法手段，将技能学习游戏化，使枯燥内容有趣化。

4. 场地器材童趣化：积极配置、自制体育器材，力争做到：颜色鲜艳，规格适宜，组合多变，安全实用。

5. 教学语言形象化：教师在课堂上口头、肢体语言生动形象，示范规范优美，具有感染力，用教师的激情激发学生的学练积极性。

6. 教学评价多元化：通过纵向评价、激励性评价，以及各种适合儿童的评价手段，激发学生的学习积极性。

（二）初中体育多样化

以“多”字统领：在基于课程标准、有限时空的前提下，通过多种项目、多样学练、多种组合、多种选择等多样化的体育健身体验和经历，让学生在丰富多样的“菜单”中去品尝各种“菜肴”（运动项目），培养学生比较完整的体育基本素养，为高中体育专项化打下基础。

（三）高中体育专项化

以“专”字统领：通过由学生自主选择的运动项目和基础课程的三年系统专项学习（指向核心素养），最终形成基础教育阶段学生发展体育学科核心素养：自主健身。

主要指标：增强体育意识和体育兴趣，掌握体育知识和 1 ~ 2 项体育运动技能，养成自觉锻炼习惯和健康生活方式。

四、“三化”有效性的思考

“小学体育兴趣化、初中体育多样化、高中体育专项化”的体育课程改革过程中，必然会出现各种问题和困惑，我们必须抓住“三化”的实质，理性对待，有效实施。

（一）关于“兴趣化”的有效性

兴趣是学生有效学习体育的基础，是培育学生体育核心素养的助推剂。培养学生的体育兴趣不仅仅是小学阶段的任务，而应该贯穿整个基础教育各学段。“三化”的推进应该始终伴随着“三趣”（有趣、乐趣、志趣）的培养，两者并轨共进。

从体育课程来说，体育知识技能是体育课程必不可少的载体，在体育活动中掌握课程标准所规定的体育知识技能，体能发展是体育学科的本质特征。衡量小学体育兴趣化的课程改革是否成功的标志主要体现在，我们的体育课程实施是否能根据小学生的年龄特征，创设趣味课堂，在体育教学中通过游戏化等方法手段，更好地激发学生学习体育的兴趣，并以此有效地提高体育知识技能的习得和体能的发展。因此，在小学阶段实施“兴趣化”

必须正确处理两个关系：

1. 兴趣与技能习得的关系

“兴趣化”必须体现在体育知识技能学习的过程中，根据小学生的年龄特征，倡导体育知识技能学习的“兴趣化”（ 游戏化、情境化……），决不能因兴趣化而弱化体育课程的本质，忽视了必要的体育基本技能的学习。从年龄段的划分来考虑：

小学一、二年级的体育学习，为应该在游戏化的综合基本活动中激发对体育活动、体育课的兴趣，在活动中体验最基本的动作技能。

小学三、四、五年级的体育学习，应该在体育项目学习中采用游戏化的方法。

2. 兴趣与健身实效的关系

小学体育兴趣化改革必须有效促进学生更好地参与健身，决不能为了兴趣而兴趣。孩子是最真实的，在日常教学中我们常常可以看到，学生对某一项体育活动感兴趣，就会积极参与学练，假如我们的体育教师为学生提供有趣的、健身价值高的教学内容，孩子的体能发展就能得到保证，即从兴趣引领、积极参与发展为体能发展。

（二）关于“多样化”的有效性

现行课程标准已经为初中阶段的学生提供了内容多样的学习内容，我们要防止仅根据中考体育项目进行教学的应试模式，其造成体育教学内容的“少样化”与“初中体育多样化”背道而驰。我们的体育教师应该严格基于课程标准，积极开发校本课程，在有限的时间内让学生体验学习多种运动项目。同时，多样化也不能仅仅理解为运动项目的多样化，而应该是多种、多样的体育运动体验和经历，是多种育人价值的体现。

（三）关于“专项化”的有效性

专项化不应是专业化、单一化。专项化教学的对象是普通的高中学生，培养的目标不是运动员而是普通的具有体育核心素养的人；核心素养应涵盖“知识与技能、过程与方法以及情感、态度与价值观”三个维度，我们在进行专项技能教授的同时，更应注重过程与方法以及情感、态度与价值观目标的达成，更应注重运动认知、健身实践、社会适应是构成自主健身的三个关键能力。

总之，培育学生的体育核心素养是历史赋予我们的神圣使命！目标已明确，通道已架构，模式已开启，你我共培育。

注：此文在2016年长三角地区中小学体育特级教师教学研讨培训会上（江苏镇江），作者作为上海市体育特级教师代表作主题发言；发表在《中国学校体育》2017年第1期上。

既要坐而论道，更要起而行之

——参与长三角地区中小学体育特级教师教学研讨活动后的感想

长三角地区地处中国经济最发达的地区，也是教育思想最活跃的地区。随着该地区人民生活水平的不断提高，老百姓追求优质生活的需求也随之提高，家长越来越重视孩子的身体健康，这就必然要求江浙沪三地的中小学体育必须加快改革的步伐，以适应人民大众的需求，而长三角地区中小学体育特级教师教学研讨活动这一交流机制正是在此背景下应运而生的。作为上海市的体育特级教师，我有幸分别参加了浙江省嘉兴市、上海市、江苏省镇江市和浙江省临海市举办的长三角地区中小学体育特级教师教学研讨活动。2014 年在浙江省嘉兴市举办的特级教师研讨活动还只限于小学段，当时受上海市教育委员会教学研究室的委托，我带着孙华老师在研讨活动中进行了课堂教学交流，自己则代表上海市体育特级教师在主题论坛上做了题为："趣味课堂"孕育"终身体育"意识和能力的发言。2015 年研讨活动是在上海市闵行区举行的，我担任了点评专家。2016 年研讨活动在江苏省镇江市举行，我再次代表上海市体育特级教师在主题论坛上做了题为："开启三化模式，培育核心素养"的发言。2017 年，我带着闵行区名师工作室学员，第四次参加了在浙江省临海市举办的研讨活动。作为研讨活动的积极参与者，我在经历四届活动后感触良多。

一、主题论坛，引领方向

三地体育特级教师专题论坛是"长三角地区中小学体育特级教师教学研讨活动"的三大板块（专题论坛、课堂教学观摩、体育活动展示）之一。每一次研讨活动都有一个主题，如 2014 年在浙江省嘉兴市举办的研讨活动主题是"趣味课堂"；2015 年在上海市举行的研讨活动主题是"传承、挑战、超越"；2016 年在江苏省镇江市举行的研讨活动主题是"基于学生发展核心素养的有效教学"；而 2017 年的研讨活动主题是"健康促进与终身体育视野下的有效教学”。每次活动的主题都是三地特级教师研讨的热点话题，是与会教师关注的聚焦点，也是中小学体育教学改革发展的风向标。

纵观近几届的研讨活动主题，都围绕“童趣”“超越”“健康”“有效”和“素养”这几个关键词展开研讨。如 2014 年举行的研讨活动仅限于小学段，因此，围绕“趣味课堂”这一主题展开研讨便抓住了小学体育教学的魂，其研讨价值很高。海纳百川是上海这座国际大都市的城市精神，“传承、挑战、超越”这一研讨主题很符合上海城市特点，学校体育需要不断前行，但体育课程改革并不是推翻以前的一切，而是在继承以往的优秀传统基础上进一步发展。面对学生体质健康水平不乐观，部分学生喜欢体育但不喜欢体育课，部分学生上了 12 年的体育课却没有学会一项体育项目技能的现状，教师该如何直面挑战并通过体育教学改革实现超越？这些话题都是会上探讨的中心。去年和今年的研讨活动主题都围绕学科核心素养、终身体育及健康促进的培养目标来展开，要实现我们的目标必须通过各学段的日常有效教学来达成。

“有效”通常是指“足够实现某一目的；达成预期或所期望的结果”。从“有效”的内涵来看，有效教学表现为教学有效果、有效益和有效率。“有效果”是指教学活动结果中与预期教学目标相符的部分，是以教学活动的结果与预期目标吻合程度来评价的。“有效益”是指教学活动的收益，其教学活动价值的实现程度，具体是指教学目标与特定的社会和个人的教育需要是否吻合以及吻合程度来评价的。“有效率”是指教学投入的精力、时间与教学活动结果（投入与产出）的关系，即实际教学时间与有效时间之比。所谓有效教学，就是教师根据教学目标，选择恰当的教学内容，运用适切的教学手段，合理组织教学活动，实现教学效益的最大化。那么在健康促进、终身体育及学科核心素养的视野下应该如何实施有效教学？本次研讨活动中江、浙、沪的三位特级教师卜扬、许强、李鹰进行主题论坛发言，针对问题给予了很好的诠释，使与会的广大教师受益匪浅，同时也引发了我对这一主题的思考。

健康促进是体育学科的本质特性，是体育课最基本的任务和教学目标，在当下学生体质健康水平普遍不高的情况下，更应该提倡体育课适宜的运动负荷，适宜的运动负荷是一节体育课的基本要求和关键要素，这是衡量体育课教学有效性的重要指标。季浏教授的中国健康体育课程模式提出体育课的平均心率：小学：约 125 ~ 140/ 分钟；初中：约 130 ~ 150/ 分钟；高中：约 140 ~ 160/ 分钟。全课运动密度：75% 以上。如果 40 分钟一节课的话，学生持续不断运动的时间应在 30 分钟左右，教师让学生停下来进行评讲的时间（包括示范、讲解、开始部分的讲话、结束部分的小结）不超过 10 分钟。季浏教授还专门撰文：“不出汗”的体育课需要改变。我非常赞同季教授体育课要“出汗”的观点，体育课必须有适宜的运动负荷，“出汗”的体育课才谈得上有效教学，这是我们必须永远坚守的底线。在信息技术进入体育课的当下，通过运动手环来监控、干预运动负荷是提高体育教学有效性的方向，通过本次研讨活动更坚定了我对开展上海市闵行区正在研发实施的“闵思运动手环”项目的信心。

培育学生体育核心素养，使学生因体育而终身受益，这是中小学体育课程的最终目标，也是每堂体育课教学目标必须体现的。每一位体育老师都要有培养学生核心素养的意识和行为，我们体育课所制定的目标必须是三维的、整体的，在重视知识技能和运动负荷的同时，实实在在（可视、可操作）地体现过程与方法、情感态度与价值观这两个维度的目标。通过有效的教学达成所预设的教学目标，使教学效益最大化。

二、课堂展示，践行理念

课堂教学是彰显先进教育理念的主阵地，是体现体育教学改革思想的重要载体。作为每一次都有主题的长三角地区中小学体育特级教师教学研讨活动的另一个板块，课堂教学一定是与研讨主题相呼应的，是一种以外显的教学行为作为特殊语言的交流。我参加了四届长三角地区中小学体育特级教师教学研讨活动，三个地区的体育课都很好地与大会主题作了呼应。由于体育课都采用江、浙、沪三地的教师同时展示，或者是中小学分两地同时进行的模式，我只能有选择地观摩一些体育课，所看之课都给我留下了很深的印象。如2014年在浙江嘉兴，上海市的孙华老师所执教的三年级“跳跃：各种方向的单、双脚跳跃”课程，孙老师根据小学生的年龄特征，采用“单、双脚丫”组合的直观形象教学方法进行跳跃教学；综合活动采用“舞向未来”的元素开展综合体能练习；通过非洲鼓和音乐的合理运用，有效营造了一个“童趣课堂”。2015年在上海的活动上，上海市大宁国际小学李卉君老师“微笑足球”课中自制弹簧“标志桶”；上海市闵行区实验小学瞿伟华老师执教的“持轻掷准”课上自制投准靶；无锡市育红小学陈依芳老师使用的自制简易单杠，不仅使学生有效达成动作技能目标，大大提高练习密度，而且还激发了学生的学习兴趣，实现了教学器材的“超越”。2016年镇江研讨活动中，我重点观看了上海市静安区教育学院附中王广转老师的一堂耐久跑课，王老师采用定向跑的元素，将长三角地区著名的旅游景点融入耐久跑课中，在任务驱动下学生们愉快地进行学练，化枯燥为有趣，变单一为多元，充分体现了课堂教学的有效性。

今年浙江临海的研讨活动，我听了三节小学的课，都给我留下了很深的印象。浙江金华婺城区虹路小学施彦文老师执教的三年级篮球课，教学内容是多种形式直线运球动作方法，施老师将单一的直线运球与原地运球、多种抛接球进行了组合，不仅激发了学生的学练兴趣，而且改变了脱离动作结构化的单一动作教学，比较贴近篮球运动的特点。上海市宝山区庙行实验学校沈洋老师执教的“走与跑：各种姿势起跑”的二年级体育课，采用贴近学生生活的情境化教学，将蹲姿起跑、坐姿起跑、仰姿起跑分别融入“放烟花”“防空警报”“火灾逃生”情境中进行练习，激发学生的兴趣，突出教学重点，实施生命教育。南京市考棚小学阮晓燕执教的无器材障碍跑三年级体育课，最大的特点就是打破传统的用器材设置障碍跑的教学形式，采用人体搭建障碍的方法，简单实用，可复制，可推广。不仅发展了学生通过障碍的能力，提高了练习密度，而且很好地培养了学生创想能力与合作精神。三位教师都很好地践行“健康第一”的理念，运动负荷适宜，注重促进人的多元发展，课堂教学效益良好。

除此以外，观课后我对教学产生很多思考，如球类教学中如何实施规则教育？“火灾逃生”等情境中如何合理设置安全区域情境，使情境设置更好地为教学目标的达成服务？如何更好地利用人体障碍的创想这一生成性的教育资源进行分享？过障碍如何体现适合个体差异的教学等。从这个角度来看，本次研讨活动还是很有效益的，对我个人而言此次临海之行还是收获颇丰的。

三、区域互动，引发思考

长三角地区中小学体育特级教师教学研讨活动，为江、浙、沪三地的中小学体育特级教师和广大体育教师搭建交流学习机会。每次研讨活动我都会带着满满的收获，深入思考我们中小学的体育改革如何在行动中不断沿着正确的方向前行。

在教学改革过程中，经常会出现一些钟摆现象，对于不过分讲究技能动作的教学，就出现弱化必要的技能动作教学的现象；过于重视运动负荷，有些课就变成枯燥单一的体能课了；提及兴趣化，便只讲兴趣而不讲体能和技能，于是乎体育课就成了“唱游课”。

在实施“小学体育兴趣化”过程中，必须厘清兴趣与技能、兴趣与体能的关系。学生一旦对某项运动（活动）感兴趣会积极主动参与技能学练，反之技能提高了学生会对学习内容更感兴趣。目前，全市各区都建有区级学生体质健康监测中心，有些区将学生体质健康测试成绩与学校考核挂钩，校长也十分重视学生的体质健康测试成绩，但我们必须防止出现为了提高上报的体能测试成绩，将体育课上成专项体能课，从而出现体育应试教育现象，这与“小学体育兴趣化”改革背道而驰。所以作为小学体育教师需要通过培养学生对体育、体育课的兴趣和良好的锻炼习惯，促进技能的学练和体能的发展，使小学体育兴趣化的改革始终朝着正确的方向前进。

对于初中体育多样化，应在基于课程标准的前提下，提供学生多种体育项目学练，得到多样化的体育健身经历和感受。《体育与健身》课程为学生提供了丰富多样的教学内容，教师需要全面落实课程所设置的教学内容。基于课程标准，意味着体育课的教学内容不可能无限扩大（受课时所限），在“3+1+1”模式下，应该在“1+1”上实施校本化的课程设置，为学生提供多种体育项目学练。在3节体育课中学习某一项体育项目，重点让学生有多样化的体育健身经历和感受体验。

对于高中体育专项化，必须处理好保证基础与发展专项的关系，使学生专注1～2项体育运动知识技能学习（运动认知）的同时，还应注重“健身实践”和“社会适应”两个关键能力的整体培养。确保教材中基本内容Ⅰ教学内容的正常实施，如果不重视基本内容Ⅰ的教学，我们的体育教师的教学能力必将弱化，成为体育专项教师，我们的学生的健身平台将会变得很窄。因此，必须在保证基础的前提下，实施高中体育专项化，使我们的学生最终形成基础教育阶段学生发展体育学科的核心素养。

注：此文发表在《中国学校体育》2018年第1期上。

校园运动安全必须实现三个转变

校园运动安全一直是困扰着学校体育教育的问题，这个问题看似只是个校园体育运动的问题，实则是个社会问题，它是由社会各种综合因素导致的一个复杂问题。当下的家长对自己的孩子保护有加，校园体育运动伤害事故的相关法律的不健全，造成一旦学生在学校里参加体育运动时发生运动伤害事故，不管是什么原因，家校双方都要为此投入很多精力和时间。于是乎一些能培养学生适应自然环境、提高生成技能的体育器材在校园渐渐消失，如爬竹竿（绳）用的联合器、单杠、肋木架等；部分体育教师不愿去教一些锻炼价值高但运动伤害事故发生概率也相对高的教学项目，如支撑跳跃、手倒立、小学的单杠等教学内容。这些“圈养”因素使学生的自我预防体育运动伤害事故的能力不断弱化，最终形成了越过度“呵护”，学生的自我预防体育运动伤害事故的能力越低下，学生相关能力的弱化就更容易发生运动伤害事故的一个恶性循环怪圈。如何破解这一难题？我认为健全相关法律保障制度是重中之重，但作为体育教研员，这里我只想从学校教育的层面上谈谈我的观点，我认为要使校园运动安全逐渐步入良性循环，必须做好以下三个转变。

一、变无序应对为有序处理

在体育运动中发生一些运动损伤或意外伤害事故，这是很难完全避免的，教师要预防不该发生的运动损伤或伤害事故，发生运动损伤或伤害事故能迅速依章依规进行合理处置，这是确保校园体育运动安全的首要任务。

1. 健全规章制度

俗话说“没有规矩不成方圆”“预则立，不预则废”，校园体育运动安全工作也如此。学校必须根据自身情况建立有关校园体育运动安全的规章制度，这些制度必须充分考虑所在学校学生的年龄特征、场地器材、课程内容、师资情况等，以预防为主，应急措施为辅。如体育运动场地器材的保养维修制度，学生体育运动安全教育活动制度，校园体育运动安全责任制度，运动伤害事故处置程序等。在制定校园体育运动安全责任制度时，一定要分清运动伤害事故是不可预测的意外，还是由于体育课、体育活动课执教者的预防措施不到位造成的。假如预防措施到位，即使发生了意外伤害事故，也不应由教师担责，最多承担道义责任，这有利于鼓励体育教师开展器械类项目的教学。此外，所制定的规章制度一定要广而告之，不仅要张贴在学校告示栏，而且要让全校师生和家长清楚地知道运动安全规章制度的每一条款，只有这样才能使我们的校园体育运动安全教育有章可循。

2. 活化运动安全机制

一些学校虽然制定了校园体育运动安全规章制度，但往往只停留在文字层面，师生和家长不一定清楚学校体育运动安全规章制度的具体内容，造成一旦发生体育运动伤害事故师生仍然很慌乱，不知道如何按照学校的规章制度科学合理地进行应对。因此我觉得我们可以借鉴一下学校都在采用的消防安全演练，防空、地震紧急撤离演练等形式，定期开展校园体育运动安全知识小竞赛，校园体育运动安全演练等，还可以开设校园体育运动安全网站，普及体育运动安全知识，活化运动安全规章制度，增强师生运动安全防范能力，最大限度地减少运动安全事故的发生。

二、变碎片化教学为系统性教育

据上海市教委《学生体育运动安全手册》项目组的一项专项调查，84.8% 学生认为获得体育运动安全知识主要是通过体育教师在体育课上的讲解，可见学生获得体育运动安全知识的渠道主要是体育课，获得相关知识的渠道较为狭窄。以往的体育运动安全知识在体育教材中虽然有，教师也对学生进行一定相关知识技能的传授，但往往是比较碎片化的。在当下体育课程深化改革的情况下，必须建立系统的校园体育运动安全教育体系，为此上海市教委领导并编写出版了《学生体育运动安全手册》（小学版、中学版），作为此项目的参与者我认为要从教师、学生和教研三个方面来实施系统性教育。

1. 中小学教师特别是体育教师是实施体育运动安全教育的主角，教师的校园体育运动安全教育意识的强弱、知识和能力的大小，决定了校园体育运动安全的品质。目前有些教师和准教师没有受过系统的校园体育运动安全知识技能的培训，因此很有必要补上这一课。作为体育教研员要组织全区的体育教师进行专题培训，指导教师懂得一些运动与人体、运动与环境、运动与卫生、运动项目与损伤、运动损伤与处理等最基础的知识。这是时代要求教师具备的新基本功，也是教师对学生进行体育运动安全教育的能力储备，更是评价教师教育基本素养的重要指标之一。

2. 学生既是校园体育运动安全教育的对象，又是防范校园体育运动伤害事故的主体。许多校园体育运动伤害事故的发生，都与缺乏学生体育运动安全知识和技能、防范意识薄弱有关。因此，教师要引导学生学好《学生体育运动安全手册》这本图文并茂的“口袋书”，结合体育教学或体育活动内容，有机开展体育运动安全知识和技能的教学。只有提高学生防范体育运动损伤和伤害事故的意识与能力，才能从根本上改变校园体育运动安全工作的被动局面。

3. 作为教研员，应将校园体育运动安全主题列入各级教研活动中，定期开展体育运动安全专题研讨活动，并在日常的各类公开课中将体育运动安全作为观察、评价要点；定期组织并开展教师校园体育运动安全知识竞赛，以及教师保护与帮助专项技能的培训考核，建设一支有体育运动安全意识、有相关知识和能力的师资队伍，以提高校园体育运动安全教育的有效性。

三、变被动应付为主动预防

想要做好校园体育运动安全防范工作，体育课、体育活动课和校园体育竞赛是主阵地，也是进行运动安全教育最主要的环节，教师应从体育教学和体育活动中的具体教学环节着手，提高师生运动安全防范能力，主动预防体育运动损伤和事故的发生。

1. 提升教师运动安全教育的意识和能力

（1）将运动安全作为备课的必备要素

常说备课要备场地器材，作为体育教师，课前一定要做好体育场地器材的准备工作。如跳远课前要检查一下沙坑是否松软，有无砖块等异物，需平整沙坑、清扫跑道，观察跑道是否平整无异物、是否无积水；体操类项目教学课前要检查单杠、双杠、跳箱、跳板的牢固程度，以及相配套的保护垫等，确保学生运动安全。除此之外，还要根据不同的季节、具体的天气情况如气温、气压、湿度、风、雾霾、降雨等，有针对性地进行教学设计或及时调整备课计划。最关键的是要根据教学内容，有针对性地设计所采用的培养学生安全运动的意识和能力的方法手段。

（2）提高热身和放松的针对性

现在很多中小学体育课准备活动千篇一律，甚至一个学期每节体育课都一成不变，这样的热身活动既枯燥又没有针对性，很难有效预防运动损伤的发生。放松整理活动情况也同样如此，经常是让学生相互敲敲背，这样的放松运动不但起不到应有的放松作用，学生若是手法、轻重掌握不好的话还会发生伤害事故。因此，教师要充分认识热身和放松运动对预防运动损伤的重要作用，必须根据教学内容进行有针对性的热身和放松。作为体育教研员，要将热身和放松运动的质量作为评价体育课的重要指标。

（3）将保护与帮助视作技能进行教学

保护与帮助的方法在教学中常常被视作教学的辅助手段，教师往往只是简单地介绍和示范。我认为保护（包括自我保护）与帮助是一种防范运动损伤和运动伤害事故的生成技能，这项技能的教学具有很高的育人价值。体育教学应该将保护与帮助作为内容主题教学不可分割的一部分，列入教学目标、教学实施和教学评价之中。通过系统化的教学让学生学会方法、掌握技能，减少伤害事故的发生。

（4）严谨的组织教学是“安全阀”

教学常规不好是产生伤害事故的主要根源，体育教师或体育活动课教师要在平时的教学中，建立良好的课堂常规，培养学生良好的体育健身习惯，杜绝放羊式教学和无安全保障教育和措施的教学，以严谨的组织教学来确保体育运动的安全。

2. 培养学生主动预防的能力

（1）养成安全锻炼的习惯

培养学生良好的锻炼习惯，对预防运动伤害事故的发生至关重要。教师要向学生讲授运动装备与运动安全的关系，指导学生根据体育锻炼项目和天气情况配备相应的运动装备；培养学生体育运动前进行针对性的热身，体育活动后进行整理运动的习惯；强化学生的规则意识，懂得遵守规则对运动安全的意义，培养学生运动安全意识和体育核心素养。

（2）习得自我防范的能力

摒弃圈养思维，让学生在有指导、有安全保障的环境里体验各种体育运动，在体育运动中提高安全意识，学会自我保护的方法。如在集体做操时知道活动的安全空间；在障碍跑学练中提高自我的判断能力；在滚翻练习中习得摔倒时及时团身进行自我保护的方法；在做手倒立动作中学会安全合理的下法；在对抗性的球类运动中学会在发生身体接触时既不伤害他人又保护自己的本领等。同时，具备一旦发生运动损伤能采用所学的知识技能进行合理应急处理的能力。

学生是校园体育运动安全的主人翁，只有学生的体育运动安全意识和能力提高了，校园体育运动才会变得更安全。

注：此文发表在《中国学校体育》2018 年第 3 期上。

教学篇：
体育教师立足操场的资本

篇首语

教书育人是教师的天职，健身育人则是对体育教师使命的定位。为了孩子们能够健康成长，为了提高体育教学的有效性，教师需要认真研究教材和学生，反复研磨教法和学法，进行精准施教和反思重建。作为体育教研员必须研究理论、研究课标、研究教材、研究教师、研究学生，帮助教师将先进的教育理念转化为有效的教学行为，发展教师成就自我。本篇中收录的都是我对教学的一些看法，如小学《体育与健身》教学100问，希望能对小学体育教师的教学有些帮助。

“吃透教材”的要素

——体育教学如何研教材，抓核心，善聚焦，求高效

体育教学的高效，是优质教育的题中之义，也是每位教师的价值体现。而研究教材是提高课堂教学有效性的基点，也是“用教材教”的前提，更是提高教师专业化发展水平的重要途径。提高体育教学的有效性，促进学生的体育学习和身心发展，是研究教材的出发点和归宿。

作为一名区体育教研员，在听课过程中经常发现会有部分教师对一些诸如教学内容的核心环节抓不住、教学重点聚焦不准、教学难易度把握不牢、教学纵向脉络把握不清、教育资源挖掘不深等问题，究其原因主要还是一些教师对体育教材的研究不够细，从而影响课堂教学有效性的提高。

一、胸中有“谱”：清晰教材的基本框架

（一）通览教材，熟悉教材

通览教材是每一名小学体育教师必做的基础性功课，是精读教材的第一步，是驾驭教材的基础。采用通览教材的方法，有利于整体上把握、领会教材的特点及教材的编写意图，熟悉教材的基本框架。

通览小学《体育与健身》教材的基本任务是：

1. 了解小学《体育与健身》教材框架体系的构成由三个板块组成：“身体活动”“身体娱乐”和“身体表现”。其中“身体活动”“身体娱乐”板块下各有“健身乐园”和“游戏天地”和“创意活动”三个栏目；而“身体表现”板块则由“民间体育”“球类活动”“趣味体育”和“创意活动”四个栏目组成。

2. 领会、把握教材的特点及教材的编写意图。主要有：确立“健康第一”“以学生发

展为本”和“健身育人”的理念；教材框架设计结构化、板块化，注重学习内容内在的联系和整合；精选教材内容，体现科学性、实用性、趣味性、儿童化和生活化；内容呈现方式新颖而有创意，图文并茂，可读性强。

通过“通揽”找全局，经过“熟悉”有方向。

（二）瞻前顾后，上下关联

作为研究教材的一项重要内容，就是要总体把握每一项目的纵向脉络，在心目中串起一条贯穿整个小学段的线索。

1. 教材“身体活动”栏目中的跳远

一、二年级：“跳单双圈”。

二年级：“跑几步单脚起跳越过一定高度的橡筋”。

三年级：“助跑，一脚踏在50厘米宽的起跳区起跳，双脚落入沙坑”。

四、五年级：“蹲踞式跳远”。

2. 教材“身体表现”中的前滚翻

一、二年级：“前滚翻”。

三年级：“前滚翻分腿起”。

四年级：“远撑前滚翻”。

中学：“鱼跃前滚翻”。

3. 教材“身体活动”栏目中的“手倒立”

三年级：爬墙手倒立（体验倒立后顶肩、立腰）。

四年级：靠墙手倒立（蹬、摆）。

五年级：有人扶持手倒立（蹬、摆力度的控制，身体重心的控制）。

只有清楚每一项目的纵向脉络，才能在某一教学内容教学中，根据不同年级的学生，进行有针对性的设计和教学。

因此“前后”讲究衔接，“上下”注重贯通。

二、心中有“纲”：明确教材的核心要素

（一）研究学生身心发展的规律

小学阶段的学生正处在生长发育期，有着该年龄段很明显的特征，教师必须根据其年龄特点来研究《体育与健身》教材，善于抓住小学生身心发展的敏感期，把握教材中的一些核心要素，如小学阶段时发展速率的敏感期。因此，在钻研“快速跑”教材时应重点研

究如何发展学生的步频；在分析“投掷”教材时应重点研究如何快速挥臂；在琢磨“跳跃”教材时应重点聚焦快速踏跳。

小学生特别是低年级学生的有意注意时间很短，根据这一特点，我们必须仔细研读教材，对教材进行二次开发，适当缩短单一内容的连续练习时间，将一些比较枯燥的内容与其他内容进行整合。如一年级的学习准备阶段，我们可以研究通过将“队列队形练习”与“拍小皮球”进行整合，以提高教学的有效性。

小学生喜欢游戏是一种天性，研究教材就要认真研究教材内容如何寓教育于游戏之中，使教学内容变枯燥为有趣。如进行快速跑教学时，可设计“画五环”接力跑、“拼福娃”接力跑的游戏形式，让学生在游戏中发展快速奔跑的能力，了解奥运知识，增强民族自豪感；又如研究“持轻物掷远”这一教材时，可针对小学生的特点进行“空中画画”游戏，在每个海绵球上挂一条长长的彩带，让学生掷海绵球时在空中画出“彩虹”“礼花”“卢浦大桥”等图画，让学生在进行“空中画画”游戏过程中体验快速挥臂的动作，感知合理的出手角度。

（二）研究项目内容的核心环节

小学《体育与健身》课中每一个内容主题都由若干环节组成，其中必有一个或几个关键的核心环节，这些核心环节是我们重点需要研究的。也就是我们通常所讲的“纲”，只有细研核心环节才能“纲举目张”。

如“连续前滚翻”的核心环节是前一个前滚翻的结束动作（蹲撑）与后一个前滚翻的起始动作的连贯一致；又如“前滚翻分腿起”的核心环节是分腿支撑（支点）后的上体快速前倾和提臀。

（三）研究教学重点和难点

在进行单元计划、课时计划设计时，首先必须细研教材，找准重点、分析难点，这是确保课堂教学有效性的关键所在。如获得“2009年上海市中青年体育教师教学评选活动”小学组一等奖的陆一老师所执教的“支撑与悬垂：爬墙手倒立4–2”一课，课前通过反复研究教材，仔细分析学生的情况，把教学重点定为：两脚依次协调蹬墙上移、顶肩，而教学难点则为：立腰。陆老师根据学生技能学习的习得规律、学生的能力差异及教材的特点设计教学，整个教学过程为前导练习—倒爬斜垫—爬斜梯手倒立—爬略斜“墙”手倒立—爬斜“墙”手倒立—爬墙手倒立，由易到难，环环相扣，教学过程流畅清晰。学生根据自身的能力控制梯子的斜度，随着梯子不断地“变换”有效激发起学生的学习兴趣，并享受成功的喜悦。

显然，研究学生是关键，研究实施是途径。

三、手中有“方”：开发教材的多元价值

（一）健身价值

《体育与健身》课程目标之一是“身体发展目标”，这是其他课程所没有的，“健身性”是体育学科区别于其他学科的根本特征。要研究《体育与健身》教材首先需研究其健身价值。如在很多“戏球”“戏绳”游戏创编中，教师要关注体育课的本质属性：健身性，要让游戏活动姓“体”。教师要研究如何对健身性强的、趣味性高的活动加以肯定，对不完善的、无健身性的创意加以引导和完善，对不安全的活动加以制止。

（二）知识技能

在研究一些动作技能要求相对比较高的教材内容时，不仅要研究如何让学生掌握必要的动作技能，还应研究如何根据学生的认知水平和运动力学原理，在动作技能学习过程中获得一些相应的知识。如钻研“跨越式跳高”教材时，就要研究如何让学生通过体验、比较来知晓横杆的最低点一般在中间，过杆时最好从横杆的中间越过；起跳后身体重心会在空中形成一个抛物线，因此起跳点并不在横杆中央；水平速度如何转换为垂直速度等。

（三）育德价值

《体育与健身》课程是生命教育的显性课程，是开展民族精神教育的主要载体。研究教材时体育教师要增强生命教育意识，挖掘显性和隐性的生命教育内容，研究如何分层次、分阶段，适时、适量、适度地对学生进行生动活泼的生命教育；同时要充分挖掘《体育与健身》学科的民族精神内涵，探索符合学生特点的教育教学方法。

根据不同的教材内容来挖掘、整理、分析其特有的，显性的或隐性的“两纲”教育资源。如“障碍跑”中的适应环境能力、克服困难精神；“靠墙手倒立”中的保护与自我保护；跳跃项目中的落地动作；篮球、排球、足球运动中的团队精神；“武术”教材中的中国元素；“队列与队形”中的国庆阅兵式情节等都隐含丰富的“两纲”教育因素。

显然，教育是整体，资源贵开发。

总之，研教材是基础，抓核心是关键，求高效是追求。只有细研教材，才能做到“心中有纲”（课标）、“胸中有本”（教材）、“目中有人”（学生）、“手中有法”（教法、学法）、“课中有效”（有效性）。

注：此文发表于《上海教学研究》2010年第11期。

小学《体育与健身》教学 100 问

——我对小学《体育与健身》教材教法的理解

钻研教材是经常挂在教师嘴上的专业用词，也是上好体育课的前提。在担任体育教研员的这些年，我听课无数，组织的各类教研活动不计其数，从两个“数”中得到了一个很深的体会就是：凡是教学质量高的课都是建立在对教材吃得很透的基础上的。钻研教材首先要对教材进行纵向研究，把控该教材在该学段的起点和终点，甚至要厘清从小学到高中的脉络；其次要研究该教材在本年龄段教学重点，需要关注哪些知识技能要点；再次是要清楚该教材对身体发展的作用；最后不可忽视的是此教材有哪些育人价值。在教研员生涯中也经常发现一些课还有改进之处，其中占很大比例的就是对教材的研究不到位，教学抓不住要点，甚至跑偏。

以下是我根据自己的理解对教师们关心的问题，采用问答式的形式进行解读。

一、走与跑

1 问：现行的小学《体育与健身》教材中，走与跑的内容有哪些？其主要的学练价值是什么？

答：现行小学教材中一、二年级“走与跑”的内容主要有：走（各种姿势的走）、快速跑（各种姿势起跑、30 米快速跑）、耐久跑（300 ~ 600 米跑走交替、自然地形跑）、接力跑（迎面、往返接力跑）；三至五年级的内容有：快速跑（50 米跑、站立式起跑和加速跑）、耐久跑（自然地形跑、定时跑、定距跑、25 米 2 分钟往返跑）、接力跑（迎面跑、环形接力跑）和障碍跑。

走、跑都是人的基本活动能力，是人的一种本能，是各项运动的基础。正因为是一种运动本能，所以教学的目的是培养学生正确的走姿和跑姿，提高奔跑能力。经常参加跑的活动，有利于学生掌握跑的正确姿势，提高适应自然环境的能力，发展学生的速度、耐力、力量、柔韧、灵敏素质和协调性，改善和提高心血管系统、呼吸系统的功能。通过走和跑的教学可以培养学生良好的意志品质、团结协作的精神，同时激发和培养学生参加体育锻炼的兴趣和习惯。

（一）走

2问：为什么要把“走”放在一、二年级《体育与健身》教材中？在日常教学中有些老师在上“各种姿势的走”的课中，让学生模仿生活中各种走姿，甚至模仿老年人走、用脚后跟走、脚外（内）侧走等，您认同这样的教学方法手段吗？

答：“走”的内容放在小学一、二年级《体育与健身》教材中，主要是培养学生正确的行走姿势和节奏感，为形成正确的跑的姿势做铺垫。在“各种姿势的走”的教学中，主要是要求学生在各种场景中走得自然、放松和协调，培养正确的姿势。可以采用各种场景条件下的走、沿着各种图形（线路）的走、各种步伐和节奏的走等。切忌采用模仿老年人走、用脚后跟走、脚外（内）侧走等不利于学生正确行走姿势形成的手段。

（二）快速跑

3问：快速跑由哪几个环节组成？

答：快速跑由起跑、起跑后加速跑、途中跑和终点跑四个环节组成。

4问：同是快速跑，一、二年级与三至五年级教学的关注点有什么区别？

答：一、二年级是小学生学习快速跑的初始阶段，主要解决跑得自然、快速、协调，跑成直线。三至五年级的教学关注点则是快速启动、积极加速、蹬摆有力、跑得自然、全速冲刺。

5问：一、二年级教材中为什么要安排“各种姿势起跑”这一内容？在教学这一内容时应该注意些什么？

答：低年级的体育教学主要培养学生的基本活动能力，在多种学练体验中培养良好的学习习惯和对体育的兴趣。所以教师必须有目的地启发引导学生，让学生体验不同姿势、不同方向的起跑姿势，激发兴趣，感知起跑动作。在此基础上将用不同起跑姿势的学生编为一组，进行听到信号后快速起跑的练习，让学生去比较哪一种起跑姿势更合理；而组织相同姿势同时听信号起跑则主要是能显性评价谁的启动速度快；听不同信号的起跑则主要是为了激发学生的兴趣，让学生注意力高度集中。

6问：低年级学生在进行快速跑中，有些学生总是跑不直，这是什么原因造成的？有什么教学手段可以纠正？

答：造成跑不直的主要原因有眼睛没有看着正前方；左右摆臂；两腿用力不均等。通常我们可以采用沿窄道、对着正前方目标跑、看正前方同伴手势变化的跑等手段，但绝不赞成采用沿着直线跑的方法，这会造成学生跑进过程中低头看线。

7 问：有些低年级的学生在终点冲刺跑中存在减速、跨跳等现象，有何对策？

答：首先要让学生明理，通过教师的讲解示范使学生初步建立正确的动作表象。在学练终点冲刺跑时，可以在终点线处拉一条可以断开的彩带，引导学生做出压线动作；针对学生跑到终点前减速、停下等现象，可在终点线后若干米设置标志（线），让学生跑过标志（线）后减速。

（三）耐久跑

8 问：耐久跑的健身价值体现在哪里？

答：耐久跑是一项很有健身价值的项目，对发展学生耐力素质，提高跑的基本活动能力及改善心血管系统和呼吸系统的功能，培养学生吃苦耐劳坚毅顽强的意志品质和克服困难的拼搏精神具有重要的意义、价值和作用。

9 问：耐久跑是很有健身价值，但比较单一枯燥、艰苦乏味，有什么好的方法手段来解决这一难题？

答：可以想办法转移、分散孩子们的注意力。采用游戏化、多样化的学练手段激发学生兴趣，如“轮流领先跑”“叫号领头跑”、让距跑、自然地形跑、创设情境跑、跟着音乐节奏跑等方法手段；还可以采用设置类似“定向越野”的条件，通过比赛来培养学生的间接兴趣，这些都是比较好的方法手段。除此以外，还必须让学生知道耐久跑具有很好的育人价值，逐渐培养学生对耐久跑的直接兴趣。

（四）接力跑

10 问：接力跑项目的最大特点是什么？小学段中各年级的接力跑的方式有什么不同？

答：接力跑是一个集体项目，这是不同于其他跑的项目的一个显著特点，对培养学生的团队精神与规则意识具有重要的意义和作用。从接力跑方式上进行比较，一至四年级都是采用迎面（往返）接力的方法，其中一年级接力方式是击掌，二年级是传接物（小球、绳结等），三、四年级传接接力棒。五年级则学习以击掌的方式进行的环形接力跑。这样的安排有利于体现小学段各年级学习内容难度的递进性，同时，五年级的环形接力跑内容也与六年级进行了有机衔接。

11 问：在接力跑教学中最需要关注哪几点，为什么？

答：在接力跑教学中最关键的是错肩、手型和传接时机这三点。错肩交接可以避免同伴间相撞，提高传接速度；根据击掌、传接物、传接棒采用合理的手形很重要，比如伸臂“立棒”传，伸臂虎口迎着竖握的接力棒就最合理；传接时机决定接力跑的速度，“立棒”太早会大大影响跑速，给棒太晚不容易接棒，甚至导致掉棒。所以在教学中要特别关注以上三点。

12 问：在低年级接力跑教学中常常出现学生刚接到棒就“立棒”，就像在进行持火炬接力跑一样，遇到这种情况该怎么应对？

答：这是因为教师没有告诉学生过早“立棒”会处于单臂摆臂跑的状态，将大大影响跑速的道理，在教学中明理很重要。传接时机对低年级学生来说是个难点，在教学中可以在传接点前若干米设标志线，提示学生跑到标志线再立棒，这样就可以化解难点。

这里我要特别强调一下，小学的接力跑教学中尽量让学生左右手都体验，不要局限于右手传接，这样有利于培养学生的基本运动能力。

（六）障碍跑

13 问：如何分析障碍跑教材？

答：障碍跑首先是一个跑的项目，是在快速跑进中运用不同的方法越过或通过各种障碍的一项运动，它包括越过水平障碍、垂直障碍、狭小空间障碍、曲线障碍等多种形式。该项运动对于发展学生速度、弹跳等素质以及身体的灵活性、协调性，提高快速过障碍的能力，对于障碍物（空间）的准确判断力，以及对于培养勇于克服困难的意志品质均有重要意义和良好作用。

14 问：经常看到有些老师在障碍跑教学中花了很多时间在教授过障碍物的动作，反而跑的练习被忽略，您觉得有没有问题？

答：障碍跑首先是一个跑的项目，是在快速跑进中运用不同的方法越过或通过各种障碍的一项运动。这一教材的教学重点是过障碍时快速、合理、安全。快速通过障碍是在快速跑的过程中对过障碍的一个要求，就如同跨栏项目一样，快速过栏是为了更快地跑到终点。对于过障碍的方法我不主张用很多的时间去教授统一的动作，因为每位学生的身高、身体素质等都不同，很难有一个适合所有学生的方法，比如，在钻过竖立的呼啦圈时，小个的学生只要猫腰就可以过圈，而个子高、胖的学生就要侧着身一个脚先过，然后低头钻过去，两种方法对这两类学生来说都是合理的。所以在教学中教师的任务首先是让学生去体验，在体验中帮助学生纠正不合理的方法，寻找最适合自己的快速过障碍方法。

二、跳 跃

15问：现行的小学《体育与健身》教材中，跳跃的内容有哪些？其主要的学练价值是什么？

答：现行小学教材中一、二年级的内容主要有基本跳跃（各种单、双脚跳跃方法；跳单双圈）、跳高（双脚跳上跳下，或左右脚上下交换跳）、跳远（立定跳远；跑几步单脚起跳越过一定高度的橡筋）；三至五年级的内容主要有基本跳跃（单脚跳和双脚跳）、跳高（跨越式）、跳远（正面助跑屈腿跳高；助跑，一脚踏在50厘米宽的起跳区起跳，双脚落入沙坑；蹲踞式跳远）。

跳跃是人的基本活动能力之一，是小学体育教学的主要内容和锻炼身体的重要手段。经常参加跳跃的活动，不仅能掌握各种跳跃的方法和技能，还能发展下肢力量和身体的灵活性，提高身体的协调性和平衡能力，培养学生不畏困难、积极进取、勇敢果断的意志品质。

（一）基本跳跃

16问：小学低年级为什么要安排“基本跳跃”这一教学内容？在教学中应该注意什么？

答：小学低年级主要培养学生的基本活动能力，基本跳跃是小学的一项基础的跳跃教材内容，主要是让学生体验多种基本的单、双脚，不同方向的跳，为以后学习跳高、跳远、支撑跳跃以及与跳跃有关的各类体育运动打基础。

教学中要根据低年级学生的年龄特征，多采用情境式的教学方法，通过色彩丰富而安全的器材设置，以及让学生模仿动物跳跃等激发他们的学练兴趣。在学练中主要引导学生做到起跳蹬地有力，落地屈膝缓冲，而在连续跳跃中要关注动作的协调和连贯，以及身体平衡的保持。在连续跳跃中动作协调主要是手脚的协调配合，动作连贯则是要求学生用前脚掌进行跳跃，要保持身体的平衡则主要是依靠双臂，所以我们不要让学生进行类似双手背着进行连续跳的练习，这等于把学生的双手给锁住了。

17问：“跳单双圈”这个教材的作用是什么？

答：主要培养学生单跳双落、双跳双落、双跳单落，以及单双脚的各种交换跳的能力，其中单跳双落能为以后的跳远和支撑跳跃打基础。

（二）跳远

18问：三年级的“正面助跑屈腿跳高”是跳高教材吗？

答：小学教材中有很多过渡性内容，“正面助跑屈腿跳高”虽然名称中有“跳高”两字，但此内容主要是为蹲踞式跳远的空中动作（屈腿成蹲踞状）做铺垫的，所以我个人认为在教学中设置横杆或橡筋不宜一味追求高度，而是把重点放在空中“屈腿上提”这一动作上。

19问：在“跑几步单脚起跳越过一定高度的橡筋”教学中，我采用了让学生上一步、三步、五步助跑的教学手段，发现学生常常边数着步数边助跑，不仅没速度而且在跨大步，这是为什么？

答：这与低年级学生的年龄特征有关，当老师规定学生用五步助跑进行起跳时，学生会将注意力集中在数步数上，生怕多跑或少跑一步，这就必然影响助跑的连贯性和速度，所以在教学中不应对小学生规定助跑的步数，建议让学生很自然地跑几步起跳。

20问：蹲踞式跳远由哪几个环节组成？其中教学重点是什么？

答：蹲踞式跳远是由助跑、起跳、腾空和落地四个部分组成。蹲踞式跳远成绩取决于腾起初速度和角度，所以小学阶段的教学重点是快速助跑与起跳相结合。

21问：正规跳远比赛的跳板宽度是20厘米，为什么小学三年级跳远教学中设置的是50厘米宽的起跳区？

答：小学阶段跳远的教学重点是“快速助跑与起跳相结合”，刚开始学习跳远时太强调踏板准度的话会影响助跑速度。我们在日常教学中经常会看到，有些学生跑到接近踏跳区时会低头找跳板，为了准确踏板反而造成助跑速度越跑越慢。所以在教学中不必过分强调起跳的精准，设置50厘米宽的起跳区域，能引导学生将注意力集中在快速助跑与有力踏跳上。

22问：蹲踞式跳远腾空环节的教学有什么有效手段？

答：在小学教腾空后空中蹲踞姿势这一动作时，可采用跑几步单跳双落—跑几步单跳双落在一定高度的平台上（垫子、跳箱盖等）—跑几步单跳越过一定高度的橡筋（垫子等）—助跑几步蹲踞式跳远的系列教学手段，每个环节解决一个问题，层层递进，效果不错。要注意的是：在设置橡筋（竖放垫子等）时，要注意起跳点与橡筋的距离以及橡筋的高度，橡筋离起跳点太近或橡筋高度太高都会出现“见高不见远”的现象，影响跳远动作的掌握和远度。

23问：立定跳远动作由哪几个部分组成？在教学中有哪些有效方法手段？

答：立定跳远是由预备、起跳、腾空、落地四个部分组成。

我们可以采用以下几点教学手段：

1. 模仿兔子、青蛙、袋鼠等动物跳。（体验双跳双落动作）

2. 在小学教学中采用“高人、矮人”的手段体验弹性屈伸动作，再通过“高人、矮人、超人”的练习进行立定跳远。在这里特别要指出的是在小学教学中不宜让学生多次预摆，反复多次预摆反而会造成起跳时上下肢蹬摆的不协调，建议采用一次预摆方式。

3. 采用条件作法，解决合理的蹬地角度问题。针对学生跳跃时腾起角度太小的问题，在起跳线前一定距离放置一定高度的障碍物，让学生越过障碍物。注意：这个障碍物太高或离起跳线太近都会导致学生蹬地角度太大，造成“见高不见远”的结果。

（三）跳高

24 问：跨越式跳高由哪几部分组成？教学中要关注哪些要点？

答：跨越式跳高技术由助跑、起跳、过杆和落地四个部分组成。小学教学中要关注：1. 助跑的方式，助跑的节奏。2. 用力踏跳与两臂和摆动腿积极上摆的协调配合。3. 助跑与起跳相结合。4. 两腿依次过杆。5. 屈膝缓冲，安全落入沙坑（海绵垫）。

25 问：跨越式跳高的摆动腿上摆时是屈的还是直的，脚面是绷直的还是勾脚尖的？

答：起跳时摆动腿上摆时采用的是直腿摆动，但并非要求膝盖不能弯，应该是一个很自然的直腿摆动动作，摆动腿上摆时要求勾脚尖。

26 问：怎样帮助学生确定用哪个脚作为起跳脚？

答：大多数人在跳高中都采用左脚起跳，右脚起跳的比较少。小学生在刚学习跨越式跳高时可能不太清楚自己哪个脚踏跳更有力，我们可以通过助跑摸（顶）高的方法让小学生确定起跳腿。另外，当发现有学生在进行助跑起跳接过杆动作时，总是起跳腿与摆动腿搞错或动作很不协调时，就要考虑他是否比较适合右脚起跳，让他换一个方向采用右脚起跳试试。

27 问：跨越式跳高的教学是否一定按照助跑起跳、过杆和落地的顺序？

答：这只是其中一种教学设计，不一定非得按照这样的顺序进行教学。我以前在教学中经常采用先教过杆动作，再教助跑起跳动作，最后将助跑起跳与过杆动作进行组合的教学顺序，教学效果很不错。

28 问：在跳高教学或运动队训练中，有些学生弹跳力很好，助跑起跳也不错，就是在过杆时总是臀部碰（坐）杆，这是什么原因，怎么解决？

答：造成这一现象的原因不是他跳得不高，主要是学生在过杆时没有转髋。在小学教材中虽然没有提“摆动腿内旋下压”的要求，但我觉得这个技术动作很重要，我们在五年级教学或运动队训练中可以进行“摆动腿积极内旋下压和起跳腿上提外旋的协调配合，使臀部顺利移过横杆”的动作学练。在教学中可以采用：原地摆腿过杆（一定高度）、原地起跳过杆练习时体验摆动腿内旋下压和起跳腿上提外旋的动作，特别强调摆动腿内旋下压时脚尖的方向，并通过讲解示范让学生明白这个动作的作用（避免过杆时臀部碰杆）等一系列教学解决这一问题。

三、投　掷

29 问：现行的小学《体育与健身》教材中，投掷的内容有哪些？其主要的学练价值是什么？

答：现行小学教材中一、二年级的内容主要有地滚小皮球、投掷轻物（小皮球、纸、海绵球等）、小沙包掷远（或投准）、投掷实心球（双手前抛、后抛实心球）；三至五年级的内容主要有投掷轻物（小皮球、海绵球等）、投掷垒球、投掷实心球（双手前抛、后抛、前掷实心球）。

投掷是人的基本活动能力之一，也是中小学体育教学的主要内容和锻炼身体的重要手段。经常参加投掷项目的锻炼，可以增强上肢、下肢、腰腹肌及肩带等部位的力量素质和动作的爆发力；发展学生的灵活性、协调性和动作的准确性，提高投掷能力，并在练习中发展距离、速度等时间和空间知觉；培养学生刻苦锻炼、遵守纪律、爱护公物、互相帮助等良好品质。

（一）投掷轻物

30 问：小学低年级有投准的内容，如小沙包投准。请问投准和掷远有什么区别？小沙包投准教学中是不是应该要求小朋友投得很准？

答：首先我们要明白投掷轻物的教材主要是让小学生，特别是低年级小学生体验投掷的方法以及一定的方向性，培养对投掷的兴趣，为后续的投掷垒球的学习打基础。投准和掷远是有些区别的，投准有具体投掷目标（靶），是对着具体实物进行投掷，而掷远追求的是远度。在进行持轻物投准教学中不要过分强调准度，太强调准度的话小学生在投掷中就不敢快速挥臂，变成了类似投飞镖的动作，这不是我们所要获得的教学结果，也与此教材设置的初衷相违背。持轻物投准的目的是培养学生最基本的投掷能力，培养学生投掷的方向感和学习兴趣，为掷远打基础。

31 问：在持轻物投掷教学中应注意哪些？

答：首先要激发学生对投掷的兴趣，多多采用贴近学生生活的游戏化、情境化教学方法手段；其次在持轻物投准教学中投掷目标的设置要有序变化，可以由大到小，由近到远，由静到动，由少到多，由低到高；再次在轻物的选择上，除了已有的小沙包、海绵球外，还可以自制各种轻物；最后必须提示的是要让低年级学生左右手都进行投掷练习，有利于促进学生的均衡发展。

（二）投掷垒球

32 问：投掷垒球的动作由哪几个部分组成？小学阶段投掷垒球的教学重点是什么？

答：投掷垒球是由握持器械、原地或助跑、最后用力和维持身体平衡四个部分组成。出手初速度是决定投掷垒球成绩的主要因素，也是小学阶段投掷垒球的教学重点。

33 问：投掷垒球教学的几个关注点是什么？

答：垒球教学主要围绕几个要素展开，其教学要点是：

1. 三个“度”：出手速度、角度和动作的幅度。

2. 正确的用力顺序，即持球手臂充分向后拉伸后，依次蹬腿、转髋、转肩、挺胸、挥臂的连贯性。

教师要紧紧围绕这几个要素进行设计、指导和评价。

34 问：在垒球教学中有哪些常用的有效方法手段可以介绍给大家？

答：教学方法和手段主要是针对教学重点和不同年龄段学生的年龄特点实施的。比如针对“快速挥臂”这一教学重点，可以采用对地反弹球比高，对墙反弹球比远，以及打破纸张、打转盘等方式体验快速挥臂动作；针对“合理的投掷角度”这一教学重点，我们可以采用条件作业法，如投过横绳、对墙上标志区域投掷等手段让学生体验出手的合理角度。采用这一手段时必须注意：投掷线到标志线（区域）的水平距离必须合理，因为这关乎出手的角度，离得太近会造成出手太高，离得太远则会造成出手角度太低；为了解决“正确的用力顺序”这一教学重点，可以利用橡筋等辅助器材引导手臂充分向后拉伸，依次蹬腿、转髋、转肩、挺胸（成满弓），帮助形成正确的动作。

（三）投掷实心球

35 问：前、后抛实心球的教学要关注哪些方面？

答：前抛实心球持球动作是从半蹲预备开始，抛球时两腿用力蹬地，同时伸腰挺胸、双手直臂快速挥臂，将球向前上方抛出。用力顺序的要诀是“自下而上”，其中两腿用力蹬地很重要，而“蹬地挺胸挥臂协调用力，抛球出手时机”是本教材的教学重点。

后抛实心球因为是背向投掷，所以出手时机对学生来说是一个难点。常常出现学生后抛时出手太早造成抛球太高（见高不见远），或者出手太迟导致实心球向地上砸的错误动作，教师必须让学生在反复的学练体验中寻找最佳的出手时机。

当然，实心球教学中安全保障是十分重要的，是每位体育教师必须时时关注的！

36 问：常看到小学生在前掷实心球时把球“砸”向不远的前方地上，这是什么原因造成的？教学中遇到这种情况怎么解决？

答：造成实心球“砸”地的原因主要有动作概念不清、预备姿势身体躯干太直没有呈反弓的动作、出手太晚等。为此，教学中教师必须让学生观看正确的动作示范，初步建立正确的动作表象；投掷时首先持球向后拉伸触碰站立在后方的同伴手或墙（成反弓），然后蹬地收腹、用力挥臂掷球；还可以采用条件作业法，在前上方设置横绳等条件，让学生将实心球掷过横绳。通过以上几种手段让学生体验投掷的合理角度。

四、滚　翻

37 问：现行的小学《体育与健身》教材中，滚翻的内容有哪些？其主要的学练价值是什么？

答：滚翻是上海市小学《体育与健身》教材基本内容 I 中所含内容，它包括了各种滚动、前滚翻、连续前滚翻、后滚翻、前滚翻交叉转体 180 度接后滚翻 、前滚翻分腿起、远撑前滚翻、后滚翻接燕式平衡、后滚翻接跪跳起、滚翻组合练习、侧手翻等学习内容。

在小学众多的教材中，滚翻是健身价值、生活价值、教学价值最高的基本体育教材之一。滚翻练习可以有效地增强心血管系统的工作能力和内耳前庭器的平衡功能，发展柔韧、协调和空间的定向能力，增强关节韧带的力量，改善学生头与脚、手与躯干的有序配合。同时，学生学会简单的自我保护的技能，可以增强其应对生活中突发意外的能力，为今后学习其他体操动作打下技能基础。从育德角度审视，滚翻系列动作的学习，可以培养学生勇敢、果断、克服困难和互相帮助等优良品质。

38 问：“滚翻”类教材的动作力学原理是什么？

答：“滚翻”属于体操运动中翻转类动作，是在有支撑的条件下，围绕身体某一轴做的翻转的动作。滚翻练习时，蹬地的作用是产生滚的动能，然后在获得动能的基础上，紧紧团身（三靠）是为了缩短转动半径，以加快翻转角速度，尽快完成滚翻。在滚翻教学中教师要准确寻找到圆心和半径，如前滚翻分腿起的圆心在两脚连线的中间，而身体躯干前倾是为了缩短转动半径，相对于前滚翻而言，前滚翻分腿起和直腿后滚翻的翻转半径比较大，所以还需要用力推手，以补充能量。

（一）前滚翻

39 问：小学低年级学生在学习前滚翻之前，教师往往会安排各种滚动练习，请问其作用是什么？注意点在哪里？

答：各种滚动练习主要是让学生体验围绕身体某一轴做的翻转和滚动的动作，这一内容练习符合低年级学生的年龄特征，不仅能激发学练兴趣，还能为后续的滚翻学习打基础。此外，在进行前后滚动练习时，滚动的发力点是根据需要有所不同的，在前滚翻教学中，前后滚动是向前滚动时发力，而在后滚翻教学中，前后滚动是向后滚动时发力。

40问：前滚翻的教学重点是什么？

答：前滚翻的教学重点是：蹬地有力，团身紧，即“一蹬三靠”，有力蹬地，下巴靠胸、大腿靠胸、小腿靠大腿团身呈球形。

41问：前滚翻蹬地时两腿要求蹬直吗？

答：是的，无论是从蹬地力度还是动作规格上说前滚翻蹬地时两腿要蹬直。我们很多老师在做这一示范动作时往往是两腿没有蹬直就过早团身了，这是错误的。

42问：少数老师为了让学生在做前滚翻时团身紧，要求学生在腹部与大腿中间夹个球，这种练习方法是否可行？

答：不行！学生为了防止夹的球掉落而不敢充分用力蹬地，造成动能不足。在日常教学中，我们可以通过两脚夹纸、两膝夹纸、下巴夹纸等方法，帮助学生纠错，让学生分别做到两脚、双膝紧靠和低头的动作要求。

43问：有些学生在前滚翻结束时，不能独立完成蹲立动作，但他们蹬地动作完成得不错，这是什么原因？

答：问题可能出在团身环节，正确动作应该是当背着垫时，迅速团身（三靠）。低年级学生可以采用两手抱小腿，同时快速收小腿的动作，简称“收、抱”，以此快速缩短半径，向前滚动成蹲立。另外，使用折垫时要把握正确的前滚动成蹲立脚的位置，一些学生在前滚翻结束时为了将双脚站在地上（垫子与地面有落差，容易完成动作）下意识地伸脚，这样就增大了转动半径，学生必须通过手的支撑才能蹲立。建议使用大的体操垫，杜绝学生伸脚站地的可能，假如使用折垫的话将预备动作手撑位置前移，引导学生快速地收小腿，从而解决提出的问题。

44问：连续前滚翻的教学重点是什么？教学中如何体现连续两字？

答：“连续前滚翻”是在学会单个动作的前滚翻基础之上，将两个或多个前滚翻连接起来进行滚翻的动作。教学重点是：滚动圆滑，有速度，两次前滚翻衔接连贯。其中要做到“滚动圆滑，有速度”就必须蹬地有力团身紧，而“衔接连贯”就必须做到前一个前滚翻结束时直接成蹲撑（前滚翻的开始动作），这是连续前滚翻最关键之处。围绕这一关键点，在教学中假如放置两个垫子的话可以在第二个垫子上贴两个大手印，要求学生在第一个前滚翻结束时两手快速触手印，引导学生完成前滚翻快速接蹲撑的动作，为学习连续前滚翻做铺垫。

45问：如何分析“前滚翻分腿起”教材？

答：前滚翻分腿起的滚动半径介于前滚翻和直腿前滚翻之间，上体前倾后的半径是从分腿后着地（垫）的两脚之间的连线中点到臀部的距离。因此，蹬地有力是前提，上体适时快速前倾、提臀以减小转动半径，从而增加转动角速度是完成前滚翻分腿起的关键。所以“重心前移与推手协调配合”是教学重点。

46 问：很多女生韧带比较松，在做“前滚翻分腿起”时两腿分得很开，能轻松完成规定动作，这是不是缩小了转动半径？这样的动作正确吗？

答：是的，两腿分得越开，半径便越小，动作越能起得来，但分腿的角度不宜过大，否则就失去了这个动作学练的意义。

47 问：“前滚翻分腿起”的教学有什么针对性的手段？

答：教学方法手段的针对性很重要，采用什么手段意图必须明确，从而精准施教。在“前滚翻分腿起”的教学中我们可以通过前滚翻分腿坐来规范分腿坐的姿态（腿直），固化分腿的适当角度，在做这个动作时身体躯干必须快速前倾，同时手撑垫；若要体验分腿时机，可以在高垫上做“后倒成仰卧直腿上举——分腿起”的练习；若要解决上体快速前倾、提臀的教学重点，可以采用前滚翻分腿起头触前方标志物的手段，注意这是一个快速、连贯的动作；在学习过程中还可以让学生在两层窄垫上练习前滚翻分腿起的动作，由于高垫提高了臀部的位置，比较容易完成动作；另外，我们还可以让学生在斜坡上练习前滚翻分腿起动作，通过增加滚动速度来帮助学生体验完整的动作。

48 问：如何分析远撑前滚翻教材？

答：远撑前滚翻是前滚翻和鱼跃前滚翻之间的一个过渡动作，与前滚翻的不同之处在于远撑前滚翻的预备姿势是半蹲，且手先不撑垫，配合脚蹬地做前摆动作，直臂远撑。简单地说前滚翻是先撑后蹬，远撑前滚翻是先蹬后撑。远撑前滚翻与鱼跃前滚不同之处在于，前者没有腾空动作，后者有腾空动作。远撑前滚翻的教学要点是：蹬摆、远撑、屈臂低头（团身）。

49 问：对远撑前滚翻教学有什么建议？

答：建议在前导练习时让学生进行兔跳后远撑的动作来体验远撑动作；第一课时可以让学生先手撑一定远度的垫子进行前滚翻，然后逐渐增加手撑远度，进行先撑后蹬的练习，然后过渡到先蹬地后远撑的练习（由前滚翻过渡到远撑前滚翻）；还可以让学生站在高垫（或跳箱盖）上向低处（垫）做远撑前滚翻，帮助学生体验直臂撑垫后屈臂低头团身的动作；最常用的就是采用条件作业法，在体操垫上设置一定高度、远度的障碍物进行远撑前滚翻，引导学生打开肩角（大于 90 度）手远撑。特别要指出的是，使用障碍物练习要根据学生能力的差异选择不同远度、高度的障碍物，通过实施差异教学来实现分层达标。

50 问：前滚翻交叉转体 180 度接后滚翻的教学重点是什么？

答：前滚翻交叉转体 180 度接后滚翻其实是一个学生已经学会了前滚翻和后滚翻基础上的一个滚翻组合动作。交叉转体 180 度的教学重点是：前滚翻和后滚翻之间的衔接，动作连贯、协调。

（二）后滚翻

51 问：后滚翻动作的教学重点是什么？对于学生来说教学难点是什么？

答：后滚翻动作中，后倒快是动力，团身紧（尤其是躯干后倒时大腿靠胸）是缩短转动半径，推手是助力。所以“后倒快、团身紧、推手及时有力”是教学重点，“推手时机”是教学难点。

52 问：如何分析后滚翻接跪跳起教材？

答：在学习这个动作之前学生已经学过后滚翻，只不过后滚翻接跪跳起中的后滚翻完成动作改为成跪立，所以本教材学习的重点是跪跳起这个动作。后滚翻接跪跳起的教学重点是：脚面、小腿用力压垫和两臂向前上方摆动的协调一致，迅速提膝、收腿起立。

53 问：跪跳起和跪跳下两个动作哪一个难度大，为什么？

答：三、四年级支撑跳跃教材中有一个“跳上成跪成—跪跳下”内容。相对而言，跪跳起比跪跳下难度更大，因为做跪跳下只要做出“当两臂由后向前上摆时，两腿下压，反弹时迅速提膝收腿，使身体向前上方跃起”这一动作，从跳箱上到垫上的落地动作比较容易，而跪跳起是在垫子上做动作，除了做到“当两臂由后向前上摆时，两腿下压，反弹时迅速提膝收腿，使身体向上方跃起”外，因为身体向上方跃起的高度有限，所以必须迅速提膝、收腿才能站立，因此强调提膝、收腿是跪跳起不同于跪跳下的难点。

54 问：侧手翻的动作方法是怎样的？

答：侧手翻的动作方法（以向左为例）为两脚左右站立（侧向，也可以正面），两臂侧举，重心先向右移，接着身体向左侧倒，右腿同时向右后、向上摆，左腿蹬地，两手依次撑地，经分腿倒立过程，两手依次推地，两脚依次落地至分腿开立。

55 问：侧手翻的教学重点是什么？

答：侧手翻的翻转原理是通过上体下压与蹬地向上摆腿，形成力偶，完成翻转。其教学重点是：两腿蹬摆结合，两手依次撑推。

56 问：小学生刚开始学习侧手翻是否允许屈膝屈髋动作？

答：我觉得是允许的。对于小学生，特别是翻转有困难的学生，可允许先采用屈膝屈髋的侧手翻动作，以缩小转动半径增加翻转速度，使动作容易完成，从而让学生体验侧手翻的过程。当学生能完成屈膝屈髋的侧手翻后，提出改进动作的要求，可以根据学生的能力和身高的不同，在上方横拉一根橡筋或其他悬挂物，要求学生在做侧手翻呈倒立状时脚能触到橡筋（悬挂物），引导学生直腿立腰、伸展身体，提高动作质量。

57 问：部分学生做侧手翻动作落地时手脚总是不能在一条线上，该怎么办？

答：可以在地上贴一条醒目的直线条，要求学生两手、两脚依次落在线上，这种直观、形象的教学方法比较适合小学生。

58 问：练习侧手翻时怎样进行保护与帮助？

答：在学生（同伴）进行侧手翻时，保护与帮助者站在练习者背后，两手交叉扶其腰，顺势帮助其完成动作；站在练习者侧后方，一手扶其腰，一手托其腿，帮助翻转。

五、支撑跳跃

59 问：小学《体育与健身》教材中，关于支撑跳跃的内容有哪些？其主要的学练价值是什么？

答：支撑跳跃是上海市小学《体育与健身》教材基本内容Ⅰ中所含内容，它是一项借助支撑动作的跳跃教材，器械主要分跳箱、跳“山羊”。教材内容包括跳箱器械的“跳上成跪撑—跪跳下”“跳上成蹲撑—起立，前跳下”和“跳上成分腿立撑—前跳下”，“山羊”器械的“山羊分腿腾越”。

经常进行支撑跳跃能增强下肢、腰腹、肩带肌和上肢肌群的力量，提高身体的灵巧性、协调性及平衡能力，促进中枢神经系统，心血管系统、呼吸系统、前庭分析器功能的发展。掌握超越障碍的实用技能，对培养学生勇敢、顽强、果断、勇于战胜困难的精神都具有显著作用。

60 问：如何分析支撑跳跃教材的特点？

答：典型的支撑跳跃通常由助跑、踏板、第一腾空、支撑（推手）、第二腾空和落地组成，比如小学教材中的“山羊分腿腾越”。而小学教材中的跳箱内容属于过渡性的、准支撑跳跃教材，特点是助跑距离短，身体都要上器械停顿做过渡，这些内容主要为以后的横箱屈腿腾跃、横箱（“山羊”）分腿腾跃的学习作铺垫。

61 问：能否对“跳上成跪撑—跪跳下”教材进行简析？

答：“跳上成跪撑—跪跳下”由助跑、踏跳、上器械（成跪撑）、跪跳下和落地组成。对于三年级学生而言无论是助跑、踏跳、上器械（成跪撑）还是跪跳下都是以前从未学过的动作，可以说是零起点。助跑与踏跳相结合，支撑、收腹、提臀屈膝，向上摆臂制动与小腿下压、展髋协调配合，落地屈膝缓冲等是一个教学单元中几个课次的教学重点。

62 问：有哪些“跳上成跪撑—跪跳下”的教学手段可以介绍？

答：对于助跑、踏跳、上器械（成跪撑）的动作，可以采用先原地支撑 50～60 厘米高的垫子（桌子等）跳上成跪撑，过渡到短程助跑、支撑跳箱、跳上成跪撑，注意踏板做到“单起双跳”；根据小学生的年龄特点，我们可以运用“压、摆、提”的口诀进行跪跳下的练习；针对学生在做跪跳下时出现的害怕心理，可采用“加加、减减”的教学策略：在不断加高的垫子上做跪跳下练习，也可以从跳箱上做跪跳下练习，落在不断减低的垫子上，帮助学生克服心理障碍。

63 问："跳上成跪撑—跪跳下"的保护与帮助应该怎么做？

答："跳上成跪撑—跪跳下"正确的保护与帮助的方法为保护者站在跳箱侧前方（或前方），两脚前后开立，支撑跳上时要扶肩（扶上臂），帮助稳定，落地时扶背、挡腹（或扶臂）。为了学生的安全，体育老师必须掌握保护与帮助的技能，在教学中注意力高度集中，保护到位。

64 问：能否对"跳上成蹲撑—起立，前跳下"教材进行简析？

答："跳上成蹲撑—起立，前跳下"是小学《体育与健身》中基本内容 I 的教学内容。是一个半（或准）支撑跳跃项目，是为以后"横箱屈腿腾越"打基础的。其特点是助跑距离短，有上器械（成蹲撑）和下器械（起立，前跳下）的动作。这个教学内容由于有三年级"跳上成跪撑—跪跳下"的基础，所以助跑、踏跳属于复习巩固的环节。而上器械这一环节与"跳上成跪撑"动作相比，"跳上成蹲撑"动作更强调提膝靠胸。前跳下的动作比跪跳下容易。"跳上成蹲撑—起立，前跳下"由助跑、踏跳、上器械（成蹲撑）、起立、前跳下、落地组成。教学重点为跳上成蹲撑时支撑、提臀收腹、屈腿提膝；前跳下时身体舒展、落地稳定。

65 问：在"跳上成蹲撑—起立，前跳下"教学中有什么可介绍的方法手段？

答：有些学生完成跳上成蹲撑动作有困难，我们可以在跳箱或高垫上手支撑的位置放置两块约 10 厘米高的泡沫砖，练习时手撑泡沫砖，这样就等于加长了手臂，加大了腿蹲撑空间，从而比较容易完成这一动作，这是一个比较有效的辅助练习；前跳下动作比较简单，在教学过程中可以鼓励学生创新动作，在空中做各种动作，如转体、屈腿、分腿、挺身等跳下动作，体现空中姿势的多样性，同时要求学生不管空中做什么动作，落地必须站稳，这是体操项目的特征所在。通过创意活动不仅能激发学生的学练积极性，而且有助于提高学生的平衡能力和落地的稳定性。

66 问：能否对"跳上成分腿立撑—前跳下"教材进行简析？

答："跳上成分腿立撑—前跳下"是《体育与健身》中基本内容 I 小学五年级的教学内容，是一个半（或准）支撑跳跃项目，该教材是为以后的"横箱分腿腾越"打基础的。其特点是助跑距离短，有上器械（成分腿立撑）和下器械（前跳下）的动作。"跳上成分腿立撑—前跳下"的动作环节为助跑、踏跳、上器械（成分腿立撑）、前跳下、落地。本教材的教学重点为提臀收腹，分腿顶肩；合理的立撑位置，克服心理障碍。

67 问："跳上成分腿立撑—前跳下"的教学中特别要注意哪些方面？

答：这个教材在跳箱上要成分腿立撑需要把控跳起后臀部的高度、分腿的宽度和立撑的稳度，比较别扭、比较难。学练这个动作可以先在地上定型正确的分腿立撑动作，还可以在地上或低垫子上画出跳箱盖大小的区域，要求学生在区域内做分腿立撑动作，感知手撑的位置和分腿的宽度，然后再上器械。另外，有些学生跳上器械时身体控制不住，容易向前冲，可以让学生减慢助跑速度，做好顶肩动作，同时要加强保护。

68 问：能否对“山羊分腿腾越”教材进行简析？

答：“山羊分腿腾越”是《体育与健身》基本内容 I 中小学五年级的教学内容，是小学教材中唯一完整的支撑跳跃项目。

“山羊分腿腾越”由助跑、上板、踏跳、第一腾空、支撑推手、第二腾空和落地七个环节组成（或是助跑、踏跳、支撑推手、落地四个环节）。教学中要把握几个要点：助跑与踏跳相结合、有力顶肩和快速推手、展体挺身。

69 问：对“山羊分腿腾越”有何教学建议？

答：教师结合图解讲解动作方法，突出动作要点：“助跑踏跳相连接，先跳后撑提腰背，分腿、顶肩推手快，展体挺身落地稳”。教师做完整动作和保护与帮助的动作示范，并提出学练的要求，突出安全教育。利用乒乓桌、叠放的垫子进行练习，提高练习密度。由易到难，逐渐增高器械高度，逐步增大跳板与“山羊”距离的分腿腾越动作练习。要注重保护与帮助动作技能的传授，引导学生相互提示，相互鼓励，培养学生的责任心、合作精神。

70 问：“山羊分腿腾越”教学有哪些常见问题，有何对策？

答：本教材教学中经常出现学生用一个脚在跳板上起跳的现象，针对这一现象可以在助跳板上贴（画）两个脚印，引导学生双脚在助跳板上做“双跳”动作；针对学生出现“先撑后跳”的动作，可以将助跳板与“山羊”的距离调到合适的远度，加快助跑速度，做到“先跳后撑（推）”；而对于越过“山羊”时上体前栽、推手慢的现象，我们应该提示学生过“山羊”时不低头，还可以采用对墙推手练习，在学生练习时，教师也可采用口令指示法，发出“顶肩”或“推手”指令，强化顶肩、推手的意识与动作。

71 问：学生跳“山羊”时教师应该如何进行正确的保护与帮助？

答：跳“山羊”的保护与帮助方法为学生在练习分腿腾越时，保护者应站立在“山羊”前侧方，两手握其上臂向上提拉（对需要帮助者），顺势后退，学生落地时一手扶其背，另一手扶其腹。

六、支撑与悬垂

72 问：上海市小学《体育与健身》教材中关于“支撑与悬垂”的内容有哪些？

答：“支撑与悬垂”是上海市小学《体育与健身》教材基本内容 I 中所含内容，其中一、二年级的内容包括各种姿势的悬垂（直体悬垂、仰卧悬垂、屈体悬垂）、脚搁高处的屈体、直体俯撑；三至五年级支撑类的内容的是支撑移动、跳上成支撑—前翻下（单杠）、爬墙手倒立、靠墙手倒立、有人扶持手倒立、各种姿势的悬垂和倒悬垂。

（一）支撑

73问：能否对“手倒立”这类教材进行简析？

答：“手倒立”是上海市小学《体育与健身》教材基本内容Ⅰ“支撑与悬垂”中支撑项目的学习内容，其包括爬墙手倒立、靠墙手倒立和有人扶持手倒立。

“手倒立”属于体操运动中静止平衡类动作，是用手支撑使人体倒置的静止动作，其主要技术特点是在反常规下（脚在上，头在下）维持身体的平衡。爬墙手倒立、靠墙手倒立是依靠手撑地和脚靠墙来维持身体平衡的；而有人扶持手倒立则主要通过双手对地的支撑保持身体平衡（辅以别人的扶持），力求身体重心保持在身体垂直面以内。

74问：“手倒立”的育人价值可以从哪几方面体现？

答：首先，依据人体生理发展的规律，儿童时期是人体掌握平衡和感知空中方位的前庭分析器及本体感受器生长发育最早的器官，由于身材小、体重轻，儿童进行支撑悬垂相比少年、成人要强，是学习“手倒立”的最佳时期。经常进行“手倒立”练习，可以改善学生肌肉本体感觉，提高前庭分析器功能，培养身体的时空感知和空间定向能力，发展身体灵巧、协调、平衡能力，增强上肢肩带肌、胸背、腰腹肌群力量。

其次，“手倒立”教材能体现育德树人。根据“手倒立”教材的特点，在教学中创设教育的氛围，挖掘育人要素，倡导学生培养自我保护与保护他人的责任感，认同个体充当的角色；履行个人的责任，使学生在学练的过程中学会关爱、尊重、建立互助、互赖、信任情感；学会必要的生成技能，“手倒立”的下法就是一种自我保护的技能。

最后，“手倒立”的教学有助于培养小学生良好的心理品质。小学阶段“手倒立”学习从爬墙手倒立开始，依靠器械帮助完成，通过消除学生恐惧心理，从脚的位置不断向上的过程中，感受身体倒置状态，为学习靠墙手倒立和有人扶持手倒立奠定基础。

75问：三至五年级的“手倒立”教学要点能不能各用一个关键词概括？

答：要将教学要点归纳成关键词比较困难，个人认为三年级的“爬墙手倒立”的关键词是：倒立；四年级的“靠墙手倒立”的关键词是：蹬摆；五年级的“有人扶持手倒立”的关键词是：控制。因为，三年级的学生以前没有依靠着墙手倒立的经历，“爬墙手倒立”正是采用爬墙的方法使身体呈倒立状态，通过自身的体验和同伴提示帮助感知顶肩立腰动作，初步建立倒立后的本体感，主要解决的是身体如何在倒立时顶肩立腰的问题；四年级的学生在三年级已经初步建立倒立后的本体感，在掌握“爬墙手倒立”的基础上，学会通过脚的蹬摆使身体呈靠墙手倒立状态，主要解决的是如何去靠墙的问题；五年级的学生有四年级依靠两腿蹬摆后靠墙的基础，进行“有人扶持手倒立”的时候控制蹬摆的力度是手倒立成败关键，倒立后还必须控制身体的重心，为以后中学段学习“手倒立”打基础。所以三至五年级的“手倒立”的教学要点分别是：倒立、蹬摆、控制。

76 问：爬墙手倒立的教学重点是什么？主要手段有哪些？

答：爬墙手倒立的教学重点是：直臂顶肩，提臀。教学中主要关注点：爬墙、倒立（顶肩，提臀）、下法以及保护与帮助。围绕这几点我们在教学中可以采用：

1. 在地上倒爬；在斜坡上倒爬；推小车等体验一下爬。

2. 巧用器材。可以利用梯子、垫子进行爬墙练习，竖立的器材的坡度由小到大，最后达到垂直，由易到难，化解难度。

3. 墙上画线，鼓励学生倒立后脚尖超过线，引导学生将身体伸直。

4. 教会学生安全合理的下法：前滚翻下法、正爬下法、侧倒下法。

5. 学生在倒立状态下很难判定自己的身体是否直，通过同伴的提示，帮助倒立动作到位。

77 问：爬墙手倒立的保护与帮助方法是怎样的？

答：保护与帮助者站在练习者的侧面，两手扶腿。特别注意，保护与帮助也是一种技能，需要教师教授给学生，只有学生掌握了保护与帮助的方法，才能真正起到保护与帮助的作用。

78 问：学生学习爬墙手倒立时易犯的错误是什么，如何纠正？

答：学生在倒立状时身体不直，出现塌腰或撅臀现象，原因是抬头过高或低头，因为抬头过高会造成塌腰，低头会造成撅臀；另外身体太松也会造成身体不直。针对这些错误动作，教师可以让学生在倒立时眼睛看两手连线的中间，同时夹臂，并通过同伴提示纠正错误动作。

79 问：靠墙手倒立的教学重点是什么？主要手段有哪些？

答：靠墙手倒立的教学重点是蹬地摆腿有力、蹬摆与顶肩协同。教学中主要关注点为蹬摆、倒立（顶肩立腰）、下法以及保护与帮助。围绕这几点我们在教学中可以采用以下方法。

1. 俯撑做蹬摆练习；

2. 蹬地脚站在一定高度的垫（跳箱盖）上进行蹬摆练习；

3. 蹬地摆腿与直臂顶肩协同练习；

4. 下法指导；

5. 同伴提示。

80 问：靠墙手倒立的保护与帮助方法是怎样的？

答：保护与帮助者站在练习者的侧面，当练习者进行蹬地、摆腿时一手顺势托腿帮助上摆，倒立时，两手扶腿上提。保护与帮助是一种技能，需要教师教授给学生。

81 问：有人扶持手倒立的教学重点是什么？主要手段有哪些？

答：有人扶持手倒立的教学重点是蹬摆用力适度，顶肩、立腰。教学中主要关注点为蹬摆（力度的控制）、倒立（顶肩立腰）、下法以及保护与帮助。围绕这几点我们在教学中可以采用以下方法。

1. 靠墙手倒立——脚离墙体验有人扶持手倒立；
2. 手先撑地进行蹬地摆腿的练习；
3. 有人扶持手倒立；
4. 同伴提示、帮助。

82 问：有人扶持手倒立正确的保护与帮助方法是怎样的？

答：保护与帮助者站在练习者的侧方，两手扶其腿上提；或站在正面一脚屈膝顶其肩部防止冲肩，两手扶其腿帮助控制平衡。

83 问：学生学习有人扶持手倒立的易犯错误是什么，如何纠正？

答：1. 蹬地摆腿的力量不够，或肩过于前倾。

纠正方法：靠墙手倒立——脚离墙体验有人扶持手倒立；手先撑地进行蹬地摆腿的练习；同伴提示、帮助。

2. 蹬地摆腿的力量过猛，身体前翻。

纠正方法：手先撑地进行蹬地摆腿的练习；当摆至垂直部位时制动。

84 问：“单杠：跳上成支撑—前翻下”是怎样一个教材？

答：“跳上成支撑—前翻下”是小学唯一的单杠教学内容，其动作方法为杠前站立正握杠，两脚蹬地跳起成支撑，上体前倾、低头、向前翻转，翻腕，腹部紧贴杠，前翻下后成蹲立或直立。

85 问：“跳上成支撑—前翻下”的教学重点是什么？主要手段和教学建议有哪些？

答：“跳上成支撑—前翻下”的教学重点是直臂顶肩的支撑、前翻下过程中腹部紧贴杠。围绕教学重点我们在教学中可以采用以下方法。

1. 利用桌子、单杠练习跳上成支撑动作；
2. 前翻下的学习，利用语言提示、腹部夹物、保护带等进行练习；
3. 发展相关体能，如腹部与双手挂杠悬垂等。

其教学建议为身体在翻转过程中要用力屈臂引体，腹部紧贴杠，注意前翻下时的身体控制，速度不要过快；单杠高度以与练习者胸口齐平的高度为宜。

86 问：“跳上成支撑—前翻下”的保护与帮助方法是怎样的？

答：学生在做跳上成支撑动作时，保护与帮助者站在练习者的侧方一手握持练习者的上臂，另一手扶压练习者的小腿，防止有学生跳上成支撑时用力过猛而造成的向前翻倒；学生在做前翻下动作时，保护与帮助者站在杠前一侧，前翻时一手托学生的肩，另一手托其腰，帮助缓慢前翻下落。保护与帮助者可以是一个人，也可以两个人分别站在杠前、杠后。

87 问：学生在学习“跳上成支撑—前翻下”过程中有哪些易犯的错误？如何加以纠正？

答：学生在学习“跳上成支撑—前翻下”过程中常出现支撑时塌肩、前翻时速度过快、腹部没有贴杠等问题。主要原因是肩部力量差；顶肩不够；动作要领不清；屈臂用力不够；未及时收腹屈腿。针对这些错误可以采用发展上肢、肩带力量；连续跳起支撑，顶肩展体；单杠屈臂留时等方法发展屈臂力量。

88 问：低年级教材“脚搁高处的屈体、直体俯撑”的主要功能和教学重点是什么？

答：这个教材对发展学生的上肢力量、腰腹肌力量、手臂支撑能力和身体的本体感具有很重要的作用，该教材的学练为后续学习爬墙手倒立、靠墙手倒立和有人扶持手倒立打下了基础。其教学重点是直臂顶肩。

89 问：对“脚搁高处的屈体、直体俯撑”的教学有什么建议？

答：教学中可以先在平地上进行俯撑，然后逐渐提高脚搁的高度，增加支撑的难度，提高手臂的承受力。在进行脚搁高处的直体俯撑教学中，尽量做到身体直，有些学生常常出现塌腰、翘臀的动作，主要原因是身体太松，还有就是抬头太高引起塌腰，低头引发翘臀现象。针对这些情况，教师可以通过示范讲解帮助学生建立起正确的动作表象，然后让学生通过同伴提示、本体感受来完成直体俯撑动作。

90 问：“支撑移动”教材的主要功能和教学重点是什么？

答：这一教材主要功能是通过学练能增强学生的上肢和肩带的力量，提高推手移动身体重心与支撑移行的协同能力。教学重点是身体重心配合手臂的移动。

91 问：常用的“支撑移动”教学方法手段有哪些？

答：支撑移动的方法手段很多。从移动方向上分为前、后移动；左、右移动；圆形支撑移动；多方向组合移动等。从支撑脚的状态上分为脚固定手臂支撑的移动；脚和手同时移动；脚的位置高低不同、腾空状移动等。在教学中我们可以采用“推小车游戏”“拨时针游戏”、脚搁不同高度垫子手脚移动、手臂支撑单杠横向移动、手脚沿着梯子两侧支撑移动、模仿海狮支撑移动等。还有老师在教学中利用“健身平衡车”进行各种支撑移动，不仅激发了学生的学习积极性，还很有效地进行了各种支撑移动教学。

92 问：在低年级学生练习支撑动作时，有些老师让学生相互比谁的支撑时间长，是否合理？

答：小学生特别是低年级学生在进行支撑练习时，要避免长时间的静力性练习，静态支撑时间要适当，所以不提倡让学生进行没有限制的支撑时长比赛，应鼓励学生进行动态的支撑移动练习。

（二）悬垂

93 问：悬垂类教材的主要功能是什么？

答：在小学教学中悬垂类教材的主要功能体现在增强手、臂、肩带、腰腹的力量，提高处于悬垂时对身体的控制能力和平衡能力，以及身体的灵活性和协调性，改善内脏器官的功能。

94 问：悬垂有多种姿势，在小学教材中具体有哪几种悬垂姿势？

答：在小学教材中有直体悬垂、仰卧悬垂、屈体悬垂、倒悬垂混合悬垂等。其中屈体悬垂又可以分为屈腿、直腿屈体等悬垂；从手握杠的动作可分为双手握杠和单手握杠，正手握杠和反手握杠；从手臂姿势分类有直臂悬垂和屈臂悬垂；从手握杠移动和不动的角度可分为悬垂移动和固定悬垂等。

95 问：在进行“各种姿势的悬垂”教学中，如何注意安全方面问题？

答：为了确保安全应该注意几点：首先，课前教师要检查单杠是否牢固，单杠的高度适合不同年龄段学生，单杠的地面铺设保护的垫子或松软的沙子；其次，课中教会学生正确的握杠方法（拇指与四指相对）；最后，做好保护与帮助。

96 问：同样是“各种姿势的悬垂”，低年级与中高年级的教学重点有什么不同？

答：低年级刚开始学习各种姿势的悬垂，握杠姿势和身体悬垂时不同姿态的体验是教学的重点；而中高年级学生已经有各种姿势的悬垂的学习体验，所以教学重点就必须转移为在悬垂状态下对肢体的控制。

97 问：在制定一、二年级“各种姿势的悬垂”单元教学流程时如何安排教学内容？

答：教学单元的容量和各课次的内容，要根据教材内容的难易度、教师和学生的实际情况进行规划，在直体悬垂、仰卧悬垂和屈体悬垂三个内容中，我认为仰卧悬垂最容易，屈体悬垂相对最难，因此建议按照仰卧悬垂、直体悬垂、屈体悬垂这样的顺序制定单元。

98 问：对三、四年级的“各种姿势的悬垂”教学有何建议？

答：“各种姿势的悬垂”的学练内容简单但稍显枯燥，而且一、二年级又已经学过，所以三、四年级练习这一内容时教师应该启发并引导学生积极创想，进行多种姿势的悬垂，如单手握杠、反手握杠、屈臂悬垂、悬垂移动、混合悬垂等；除了单人悬垂还可以与同伴在悬垂中进行“石头、剪刀、布”的单手握杠悬垂游戏；假如学校有“平梯”的话，可以让学生进行向前、左右横向的悬垂移动练习，既有趣又有锻炼实效。

99问：倒悬垂是怎样一个动作？教学重点是什么？

答：倒悬垂是现行《体育与健身》小学四、五年级的教材内容，是一个身体在单杠上呈直体倒悬垂姿态的动作，其动作方法是：背对单杠站立，上体前屈，两臂后伸成正握杠，蹬地成双挂膝悬垂。然后伸腿展髋，抬头挺胸，臂夹身体成倒悬垂。在倒悬垂教学中需要关注：蹬地后沉肩与提臀的结合；倒悬垂姿态优美；勇敢自信。

100问：如何进行倒悬垂练习时的保护与帮助？

答：倒悬垂练习时的保护与帮助方法为保护者站在杠侧，一手托扶杠上学生的手臂，另一手托扶其腿部，帮助杠上学生成倒悬垂姿势。在教学中要高度重视保护与帮助，在单杠下放置保护垫，提醒学生正确握姿不松手，教会学生正确的落地动作，以确保练习学生的安全。

“趣味课堂”孕育“终身体育”意识和能力

《普通高中体育与健康课程标准（2017 年版）》指出：“重视教学内容的基础性、选择性及教学方法的有效性和多样性，注重激发学生的运动兴趣，引导学生掌握体育与健康基础知识、基本技能和方法，增强学生的体能，培养学生坚强的意志品质、合作精神和交往能力等，为学生终身参加体育锻炼奠定基础，促进学生健康、全面发展。”激发学生兴趣，在小学体育教学中积极有效营造“趣味课堂”，为终身体育意识和能力的培养打基础，始终是体育教师需要不断深入研究的课题。体育教学中的“趣味课堂”是以传授体育知识技能、增强学生体质、促进学生心理发展和社会交往能力为目的，在教学中采用丰富多彩、贴近生活、生动有趣的方法手段，将趣味性、竞争性、创造性等多种功能融为一体，激发和维持学生学练兴趣，充分调动学生参与课堂学练的积极性，以激趣促进健身，从而有效达成教学目标的体育课堂。

一、为什么要营造“趣味课堂”？

教师为什么要在体育教学中营造“趣味课堂”，个人认为主要是由以下三点决定的：

（一）学段特点

小学阶段的体育学科学段目标和教材内容注重体验性、基础性。教材内容都以基本活动为主，游戏性强、趣味性、娱乐性浓。整个小学阶段注重让学生通过尝试、体验各种基础性的体育活动来感受体育运动的乐趣。

（二）年龄特征

首先，小学生处在游戏的年龄阶段，喜欢游戏可以说是他们的天性，体育游戏是他们进行健身活动的基本形式；其次，从兴趣的层次来看，兴趣有“有趣”“乐趣”“志趣”三个阶段，小学生的兴趣处于“有趣”阶段或处于从“有趣”向“乐趣”过渡的阶段；第三，小学生的有意注意时间短，需要不断用有趣的事物来刺激，从而激发、维持学习兴趣。

（三）学习心理

从心理学上讲，兴趣是指人们力求认识某种事物和从事某项活动的意识倾向，当人们对某件事情产生浓厚的兴趣时，将会为之神往，并在参与的过程中，相应地产生满意、振奋等积极的情绪。学习兴趣是推动学习活动的内部动机。“教人未见意趣，必不乐学”，可见“兴趣是最好的老师”这句话是很有道理的。

正是基于以上三点，小学体育教学一定要为学生创设“趣味课堂”。

二、如何有效营造“趣味课堂”？

任何课堂教学的实施都是从教学设计开始的，“趣味课堂”的营造需要教师根据不同年龄段学生的年龄特征和不同教材的特点进行精心设计，只有“高结构的设计”，才能实现“低结构的操作”。即教学设计是将简单的事情复杂化，课堂教学则是将复杂的事情简单化，将枯燥的学练有趣化。

在精心设计“趣味课堂”的同时，努力做到以下“七化”：

（一）教学内容多样化

在教学内容的选择上，首先，要为小学生提供丰富的“菜单”，供学生全方位、充分地“品尝”，这些内容的特点是项目门类多，知识技能要求低，学生学练上手快、兴趣高；其次，要选择一些贴近学生生活的教学内容，如模仿青蛙、小兔、袋鼠的跳，运动模仿操等，以激发学生的学练兴趣；再次，作为地处东部沿海发达地区的上海，应多开发、引入一些新兴的体育项目，如曲棍球、网球、简易高尔夫、滑板等；最后，小学低年级（水平一）阶段不宜过早项目化，应多开展一些综合活动，以培养学生初步的体育基本技能和广泛的体育兴趣。

（二）方法手段趣味化

在日常教学中较多地采用游戏、竞赛形式。如要解决投掷垒球的出手角度的问题，我们可以在垒球上挂一条彩带，让学生尽情地在空中画彩虹，感知不同投掷角度与投掷远度的关系，体验投掷的乐趣；又如通过定时比量的“蚂蚁搬家”接力竞赛来培养学生的团队合作意识，发展学生体能，使动作技术、体能练习游戏化、有趣化。

（三）师生互动常态化

体育教学是一个师生双边互动活动，教学中应积极进行师生的有效互动，教师应放下身段，努力与学生交朋友，积极参与学生的活动。如，学生进行“戏球”“武术动作组合”创编的过程中，教师融入学生团队，与学生一起游戏、创想；在各种接力比赛中，教师加入学生小组，和学生一起竞赛。教师参与学生活动的激励效应大大出乎想象，远远超越教师纯语言激励的效果。

（四）教学场景情境化

小学生喜欢故事，乐于扮演各种角色，沉浸于游戏，这是由小学生的年龄特征决定的。在小学低年级体育教学中，应尽可能采用情境化的教学，努力通过场景布置、影像感染、语言引导，将学生带入情境，让学生进入角色，通过角色的扮演引导学生积极参与学练，习得动作技能，提高身体素质。如，在进行“单、双脚的各种跳跃”教学中，创设大森林的场景，让学生扮演各种善于跳跃的动物，激发兴趣，达成健身育人目标。

（五）场地器材童趣化

场地器材是营造“趣味课堂”的一个必不可少的要素，在体育教学中教师要善于改变、引入、自制新颖鲜艳的体育器材，从刺激学生的感官入手，激发学生的学习积极性。如，在进行“单、双的各种跳跃”教学中，为了更好地激发学生跳跃练习的兴趣，可在“圆盘垫”上设计“小脚丫”，“圆盘垫”轻巧、方便，学生可以任意摆放它，不同的方向变化就可以生成不同的组合，使学生在学习跳跃的同时，发挥想象，任意创意，把不同方向的跳跃内容变得简单化、童趣化，从而提高学生的学习积极性。另外，适宜的器材才是最好的器材，我们在器材的运用上要力求做到“去成人化”，如采用儿童篮球架，让学生投篮甚至扣篮，激发学生对篮球运动的兴趣。

（六）教学语言形象化

生动形象、风趣幽默的口头语言，具有感染力的肢体语言，都是“趣味课堂”的重要元素，也是体育教师专业素养的体现，一个具有高低起伏的“声波”（口头语言），和一组姿态表情各异的“相片”（肢体语言），一定能激发学生的学练积极性。另外，教师规范优美的示范动作，也是引领学生积极投入学习的“名片”。如，在进行篮球投篮教学时，教师示范时的一个三分球可以立即引发学生的学练兴趣。

（七）教学评价多元化

在创设“趣味课堂”时要充分发挥评价的导向作用，要特别倡导激励性评价和个体纵向评价。对学生的每一点进步都要及时予以鼓励和肯定，少进行横向比较，多采用纵向比较。对一些体能差，动作技能学习有困难的学生要多关注，多鼓励，将他们的点滴进步放大；对体育成绩好的学生多给予展示的机会，不断强化已有的兴趣。用评价手段使体育课堂充满乐趣。

三、正确处理几个关系

在营造“趣味课堂”时，我们还应该处理好几个关系，比如：

（一）激趣与健身的关系

我们知道，游戏具有趣味功能，但不一定所有的游戏都有健身功能，因为它只是游戏，而体育游戏则不同，它兼有健身和趣味的功能。因此，在体育教学中我们不能片面追求趣味，而应该体现体育课的健身特征，以激趣来促进健身，只有那些有趣的、有健身实效的课堂才是“有效课堂”，才是理想的“趣味课堂”。

（二）兴趣与意志的关系

体育锻炼能培养学生良好的意志品质，但体育教学绝不能枯燥无味；反之，体育课堂需要情趣意味，但绝不能缺失育德的功能。比如，耐久跑的练习可以培养学生顽强的意志品质，但绝不意味着耐久跑的教学可以枯燥无味，我们应该努力将枯燥的教学内容有趣化，在学生参与耐久跑的过程中适时培养他们的意志品质，实现“趣味课堂”的育人价值。

总之，我们的体育教学应该努力营造“趣味课堂”，“趣味课堂”赏心悦目，“趣味课堂”充满生命活力，“趣味课堂”是“学生发展核心素养”形成的原动力。

注：此文在江省中小学体育与健康“疑难问题解决”专题研训暨长三角体育特级教师教学研讨活动中（浙江嘉兴）作为上海市体育特级教师代表做主题报告；发表在《中国学校体育》2014 年第 11 期上。

细处着手，培育有形

——体育游戏和竞赛中该关注什么

游戏是体育活动的芳草地，竞赛是体育永恒的魅力源。在小学体育课中，体育游戏和体育比赛是学生进行健身活动最基本的教学载体。我们经常可以看到这样一幕：体育课中小组间的比赛正在进行，一组比赛结束后，教师在第一时间宣布比赛名次，于是获胜的小组欢呼雀跃，失败的小组垂头丧气。接着，老师提出下一轮比赛的要求，即获胜的小组继续努力，落后的小组争取获胜。然而，比赛结果却是前面比赛的克隆版，获胜小组的学生不知道为什么会获胜，落后小组的学生依然不知道失败的原因，像这样的情境司空见惯。而我们的老师是否领悟到其中的缘由了呢？由此，很自然地引出这样一个话题：在体育游戏和比赛中，教师应关注什么？

“健身育人”是体育与健身课程的基本理念，也是其本质功能。要充分发挥体育课堂教学的主渠道作用，通过教师多元的关注，切实体现整合培育，因此在体育游戏和比赛中，既要关注比赛结果，更要关注比赛过程。

一、关注规则的遵守

体育游戏和比赛中的规则是比赛顺利进行的基本前提，也是每位学生必须遵守的，更是教师关注的“视点”。在体育游戏和比赛中紧紧抓住德育教育的契机，把规则教育和诚信教育结合起来，让学生从小懂得：规则是必须遵守的，规则面前人人平等。

首先，教师要让学生了解、体验、掌握和遵守规则。在比赛中教师要对遵守规则的学生予以肯定，对于违反规则的学生或小组进行教育和必要的“惩罚”。其次，在遵守规则的基础上，可进一步引导学生合理运用规则，进行“田忌赛马”。最后，还可以让学生参与游戏、比赛规则的制定。如在进行改换目标（贴膏药）游戏时，在学生掌握游戏的基本规则的基础上，让学生参与游戏规则的改变，使游戏更具趣味性。

如今，诚信越来越受到人们的广泛关注，是做人的基本准则，也是公民道德建设的基础。因此，将体育游戏和比赛的规则遵守与小公民道德建设联系起来，以培养良好的规则意识和行为，具有积极的教育意义。

二、关注学生的合作

社会适应目标是体育与健身课程目标之一。在小组间展开的比赛中，教师要关注小组成员间的合作交往情况。如在进行障碍跑练习时，首先进行设置障碍的比赛，让各小组利用所提供的器材和规定的时间设置障碍，比赛的要求是用最快的时间设置最有创意的一组障碍，并指导学生合理分工，如具有号召力的担任组长，力气大的搬运器材，脑子比较灵活的承担主要设计任务等，通过小组的每一位成员的合作来完成比赛任务。在宣布比赛结果时，突出优胜组“合作自设障碍”的评析，让学生们懂得只有学会合作才能获得成功的道理。

三、关注每一位学生

“面向全体学生，促进健康成长”是体育与健身课程基本理念之一。教师应为每一位学生提供同等的学习机会，在体育游戏和比赛中，教师视野要宽，在关注全体学生的同时，更要关注体育弱势群体和个体，给他们更多的帮助与鼓励，比赛间隙要通过分析、小结、交流、资源共享等形式来提高学生的比赛能力，从而让学生站在新的台阶上进行新一轮的竞赛，使每一位学生无一例外地得到发展，都能体验学习和成功的乐趣，以满足自我发展的需要。

四、关注学生的差异

学生之间的差异是客观存在的，在体育游戏和比赛中教师要关注个体的差异。如在进行钻栏架的过障碍比赛中，钻栏的方法有很多种，可以脚先钻，也可以头先钻；可以侧向钻，也可以正面钻；有些个子小的甚至直接猫腰跑过去……为此，教师可先让学生进行尝试，然后进行比赛。在一组比赛结束后一定要进行简短的反思、讨论、交流，让学生根据自身的特点选择最适合自己的方法进行新一轮的比赛。另外，在体能比赛中，学生间体能强弱的差异可以通过教师调整器材、距离、高度、难度等来达到新的平衡，以使每一位学生都有同等获胜的机会。

五、关注学生的兴趣

人的行为动力是在其内驱力和外部诱因的作用下发生的，内驱力来自一个人的需求，诱因则是能满足其需要的外部刺激物。体育游戏和比赛对于学生而言是很感兴趣的，但缺少变化的重复进行对于兴趣的保持是不利的。教师要关注学生在游戏和比赛中的兴趣变化，及时进行必要的改变和调整。同一种游戏和比赛的方法可由易到难，要求可由低到高，不断给予学生新的、足够的诱因刺激点，使学生的健身兴趣始终保持在较高的水平状态。

六、关注学生的思维活动

《上海市中小学体育与健身课程标准》指出：体育与健身课程是以身体练习与思维活动紧密结合为特征，以提高学生身体健康、心理健康和社会适应能力为目的的基础课程。在体育比赛中，我们过去往往比较关注体能的比拼，忽视思维的PK，不重视体脑结合地进行比赛。在“二期课改”背景下，教师应该关注学生思维的活动。如在进行投掷与跑的组合比赛中，甲、乙两组先将手中的沙包向正前方掷出，然后两组交换站位，由甲组学生去捡乙组掷出的沙包，而乙组的学生捡甲组掷出的沙包。在这个游戏比赛中，投掷的远度、组内成员捡沙包的顺序、近的沙包由谁捡、远的沙包又由谁捡等，都是决定胜负的因素，这就不仅仅是体能的比赛，更是身体练习与思维活动紧密结合的比拼。在此过程中，教师应引导学生积极思维、体脑融汇。

七、关注教育资源的生成

在体育教学中学生常常会闪发出一些亮点或小创意，教师要敏锐地抓住这些闪光点，及时生成为教育资源。如在进行戏球的过程中，学生常常会玩出一些很有创意的方法，此时，教师应及时进行点评并请学生展示交流，使生成的教育资源得到共享。假如我们只注重比赛的结果——谁的戏球方法多，而不去关注教育资源的生成的话，那是对教育资源的浪费，对个性发展的忽视。

八、关注学生的安全

体育教师应把学生的安全放在第一位。在体育教学中要根据教材内容进行适时的体育基础知识（特别是体育健康知识）教育；在体育游戏和比赛中要关注学生动作的合理性和场地器材的安全性，使学生了解一些最基本的体育安全知识，掌握一些最基本的保护和自我保护技能。

总之，在体育游戏和比赛中，教师仅仅担当裁判的角色是远远不够的。让我们的教师对学生的关注更具人性化，更好地把握活动中的育人时机，更好地抓住体育游戏和比赛中生成的教育教学资源，从而使每一位学生在原有基础上，掌握更多的体育健身知识、技能和方法，获得共同面临困难、合作互助、有序竞争、交流与创想的经历。

注：本文发表在《上海教学研究》2006 第 9 期上。

“条件作业法”在中小学《体育与健身》教学中的合理运用

一、对“条件作业法”的理解

“条件作业法”是指在教学中为使学生掌握某一动作而设置一定的作业条件，并把动作指向或限制在正确的规格上，使学生按照这种条件练习就能比较顺利地达到动作要求。

二、为什么要采用“条件作业法”

为了让学生更快、更好地掌握某一动作，从而高效达成学习目标。

在体育教学中，教师根据所设定的教学重点和难点构建一定具有指向性或限制性的“条件”（宽度、高度、长度、方向、角度、路线等），引导学生在“条件”指向或限制的要求下进行学练，这样的教学策略不仅能突出教学重点，化解教学难点，还能激发学生的学习兴趣，从而有效达成预设的学习目标，实现整合培育。

三、如何运用“条件作业法”

在体育教学中实施“条件作业法”的一般流程是：首先确定教学的重、难点，然后为突出教学重点，化解教学难点，设置针对性的“条件”进行教学，从而有效达成教学目标。其操作流程是：教学重点、难点—条件设置—教学目标。

案例解析：

（一）跑

1. 快速跑（小学）

（1）途中跑教学重点：跑成直线。条件作业：说出正前方同伴给出的不同手势，引导学生始终目视正前方；设置窄道，沿着窄道跑。

（2）终点冲刺跑教学重点：过终点上体前倾、全速。条件作业：躯干触碰系着铃铛的彩带，使铃铛发出响声。用直观的器材，让学生通过触觉和听觉来达成学习目标。

2. 快速跑（初中）

起跑后的加速跑教学重点：逐渐抬体，积极加速。条件作业：躯干不能触碰身后斜置的竹竿；快速跑过放在地上逐渐加宽的绳梯（条件限制）。

（二）跳跃

1. 蹲踞式跳远（小学）

腾空动作教学重点：屈膝上提。条件作业：跑几步单脚起跳，双脚同时落在一定高度的高垫上。通过高垫使学生做出屈膝上提的动作。

2. 跨越式跳高（初中）

过竿动作教学重点：摆动腿下压内旋。条件作业：摆动腿落地时脚尖对着标志物（条件指向）。

（三）投掷

1. 投掷垒球（小学）

（1）持轻物掷准教学重点：投掷准度，挥臂速度。条件作业：持轻物掷一定大小、距离的目标（指引方向）；看谁先把纸质的靶子打破（挥臂速度）。

（2）垒球掷远教学重点：挥臂速度。条件作业：手持绳鞭，看谁先把贴挂在墙上的报纸打碎（挥臂速度）。

2. 前掷实心球（初中）

教学重点：身体呈满弓（超越器械），协调用力。条件作业：前后站立，双手持球触到身后的目标之后再做投掷动作。

（四）垫上运动

1. 连续前滚翻（小学）

教学重点：两个前滚翻之间的连接。条件作业：前一个前滚翻完成后两手掌迅速触碰位于前方垫子上的“手掌”。

2. 远撑前滚翻（初中）

教学重点：远撑的位置，蹬地有力。条件作业：在垫子上设置一定远度或高度的障碍物，进行远撑前滚翻。

四、"条件作业法"注意事项

（一）"条件"设置要恰当

如正面助跑屈腿跳高的横杆（橡筋）高度要适中，起跳点与横杆（橡筋）的距离要适中；远撑前滚翻设置的障碍远度或高度应适中。

（二）"条件"设置要有层次

如投掷垒球时，常进行对墙反弹球练习，不同高度的目标应与相应远度的投掷线相匹配，适应不同能力学生选择。

（三）"条件"设置要有可调性

如青浦区小学的一节前掷实心球的课，教师自制了可移动、可升降的"Y"型支架，要求学生将球掷过"Y"型支架，学生可以根据自己的身高和能力调节支架，使投掷的实心球保持合理的角度。

五、结　语

"条件作业法"是中小学体育教学中常用的教学策略，围绕教学重点和难点，合理采用"条件作业法"进行教学，能帮助学生顺利达到动作要求，有效达成教学目标，提高课堂教学有效性。

《体育与健身》学科实施“两纲”教育的基本途径与主要方法

《体育与健身》学科所承载的知识技能，其中蕴含民族精神教育和生命教育的内容，它不是学科知识体系和“两纲”教育内容的简单叠加，而是植根于体育学科教学活动之中。因此，体育课、体育活动课、校外体育实践等是实施“两纲”教育的主要途径。

一、课堂教学融入“两纲”教育

体育课是学生在校学习体育并获取相关知识技能的主要渠道，也是“两纲”教育的主要阵地。教师要从精心设计教学、精细教学过程、精作教学反思等方面来筹划，才能发挥体育学科独有的育人优势，才能使体育教学更具有科学性。

（一）重视教学设计

教学设计是体育教师组织教学的蓝图，是教学理念与教学组织的中介，是教与学活动的统一。教师能否精心设计教学，做好这一环节的工作，是关系到“两纲”教育的有效程度。因此，我们必须花大力气从以下几个环节做好这项工作。

1. 关注“两纲”教育要素，搞好单元教学设计

首先从学科单元教学设计入手。根据不同的教材内容来挖掘、整理、分析其特有的，显性的或隐性的“两纲”教育资源，应牢牢把握“两纲”教育的具体要求，根据学生的年龄特点和体育教材内容的内在结构，准确、全面地制定单元学习目标。单元学习目标必须体现出相应的“两纲”教育，并在各课次学习目标中有层次地加以显现。各课次间的学习目标力求体现层次性和系统性，以确保单元学习目标中含有“两纲”教育要素的目标顺利达成。

在确定单元学习目标的基础上，要选择有效的教学策略，寻找学科教学与“两纲”教育的最佳结合点，避免出现两张皮现象。

2. 把握“两纲”教育要点，搞好课时计划设计

课时计划是一堂课的教学方案。应以学生发展为中心来设计，尤其要侧重于操作层面的有意设计，促进体育课程教学目标的达成。在进行课时计划的设计时，应突出：自然地将“两纲”教育的要求体现在本课次明确而又具体的学习目标中；内容的选择能关注学生的个体差异，有效地促进学生达成本课次的学习目标；学练方法能充分反映学生主体地位和教师的指导地位，使学生在愉快的体验中获得知识与技能的同时，感受“两纲”教育的内涵；组织教学形式有利于师生互动，有利于体育教学结合“两纲”教育效能的发挥。

不同的学习模块、内容主题所呈现“两纲”教育的形式是有所不同的，在进行课的设计时，应根据不同的模块、不同的内容主题来落实“两纲”教育要求。

如，“基础知识”是基本内容Ⅰ这一学习模块的教材内容，很多教学内容“两纲”教育的显现化特征明显。如小学阶段的“培养正确的身体姿态”“简单的生存技能与方法介绍”“少儿健身的安全常识”“民间体育介绍与欣赏”等；初中阶段的“青春期体育健身”“吸烟、毒品与青少年健康”“奥林匹克运动简介”等；高中阶段的“体育健身效果的自我检测”“运动处方的编制”“体育文学作品阅读”“生存技能所涉及的知识与方法”等。这些内容主题都十分明显地凸显“两纲”教育的要素。教师在设计课时计划时，可以直接设定“两纲”教育目标，选择丰富多彩的方法手段来回应学习目标。

再如，篮球是最受学生喜爱的学习内容之一。也是基本内容Ⅰ的主题教材之一。篮球教材内容丰富多彩，包含运球、传接球、投篮、突破、防守、战术配合等技战术，既有个人的，又有集体的。它不仅有较高的身体锻炼价值，且蕴含丰厚的“两纲”教育资源，教师必须深入研究教材内容，找出、找准最佳结合点。如，把篮球游戏和对抗性练习与提升学生运动思维结合起来，把紧张激烈的篮球比赛过程与促进学生积极进取、公平竞争结合起来，把篮球规则教学与诚信守法结合起来，把战术配合教学与团队合作意识培养结合起来，精心教学设计，为上好课打下基础。

（二）精细教学过程

《体育与健身》的教学过程应该是一个师生交互活动的过程，通过师生的互动来实施整个教学，这种互动包括情感交流、教学语言、教学行为等。在体育课堂教学中应注重在师生交互活动中实施“两纲”教育。

1. 情感交流

课堂教学中师生的情感交流，能确立学生的主体地位，促进学生对知识主动想学，主

动理解、主动积累、主动领悟、主动运用、主动扩展、从而使学生学习的能力得到提高。课堂教学的师生情感交流，主要表现在当学生在身体练习中有积极表现时，能否及时给予肯定和表扬；当学生碰到体能锻炼困难时，能否及时给予帮助和指导；当学生在动作学习中产生胆怯、自卑心理时，能否及时倾听和疏导等，使学生在愉快、安全的身体练习中得到发展。这就需要教师关注每位学生的发展，参与学生的活动，倾听学生的想法，成为学生的朋友与引领者。

2. 语言运用

在体育教学中，口头语言和肢体语言无疑是教师最重要的教学手段。口头语言的运用，可以将体育知识和练习情感完整准确地传递给学生，同时还可以利用口头语言引导和开发学生运动思维能力。肢体语言的运用，可以将体育动作和练习要领具体形象地展现给学生，同时还可以利用肢体语言促进师生之间、学生与体育之间的情感交流。对学生在学习体育过程中进行民族精神和生命教育，更需要体育教师根据教学内容的特点和教学规律，有针对性地设计和运用好教学语言，因为教学语言对不同的练习内容阐述表达各有长短，要取长补短，充分运用自己的智慧语言使操场充满活力，使学生充满激情。这样才能增大教育效果。

3. 教学行为

教学行为是指在教学过程中，教师与学生在既定的教学目的支配下所表现出的行动和作为。体育教师的体态、仪表和情绪的表现，教学方法、教学手段的选用等，这些外观行为，能反映出体育教师的职业素养和学术造诣。体育教师就是通过自身的各种行为的表现去激励教育学生的，从而引起学生对体育教师的教学行为产生反应，共同完成教学任务。因此，在具体教学过程中，教师必须根据预设的“两纲”教育要求，观察、判断、分析学生的练习行为，抓住契机适时教育，尤其善于捕捉生成性的问题，发挥自身的聪明才智和处理技术，巧妙转化，使一些含有积极因素的生成问题成为有用的教育资源。然而，体育教师运用的教学方法与教育手段并不是都能得到学生的认可。所以，教师应结合实际，适当调整自己的行为，使学生能接受。同时，在教学过程中，体育教师还要注重自己的仪表、仪态和情绪的行为表现，因为这是学生对教师最为直观的、明显的感性认知来源，应保持良好的风度仪表和优美的体态示范及积极的思想情绪，用这种无声的语言去感染教育学生。

（三）反思教学效果

体育课教学效果主要反映在两个方面：（1）练习结果指学生经过身体练习产生的变化、获得的进步和取得的成绩。（2）练习体验是学生在体育学习中的感受，即伴随身体练习生发的心理体验。对教学情况进行反思是实施“两纲”教育过程中不可缺少的重要环节。

1. 即时反思

养成课后即时反思的习惯对于不断提高教学效果是十分重要的。课后反思可以从三个方面进行：

（1）教学效果。根据教学目标从每一个学生练习反应、练习表情、练习行为及语言表达等方面，结合教师的观察，反思本节课的实际效果如何，做到心中有数以便及时修正。

（2）教学方法手段。静心思考身体练习是否到位，方法是否得当，教育契机是否抓准，组织形式是否适合，及时记下这些得失，并进行必要的归类和取舍，写出再教设计。

（3）教学过程。侧重记录本节课最成功之处，捕捉因偶发事件而产生的瞬间灵感。哪句话的表述引发了学生练习的积极情绪，哪个问题的提出促进了学生练习的自主性，哪个程序的安排出现了教与学的高潮，最好翔实记录学生练习行为，并以案例分析加以阐述。

2. 阶段反思

一个单元教学任务完成后对教学进行反思，主要从围绕这一单元预设的教育目标效果反映、各课次之间内容衔接是否合理、教学方法手段运用对落实“两纲”教育要求的有效性怎样等方面，反思自己对教材内容的分析理解水平，反思在整个单元教学过程中哪些方法手段的运用是恰当的，哪些方面尚需改进，同时要对学生在学习本单元任务后，其动作技能掌握程度、变化的原因、存在的主要问题等方面进行小结，尤其是对学生在学习过程中所表现出的行为举止认真审视。从上述两个方面找出带有规律性的因素，并进行记录，以期在相同的单元教学或不同的单元教学中加以改进，不断提高自己的德育能力。

二、体育健身活动融入“两纲”教育

体育健身活动是学生自我为主、自我学习、自我发展的体育学习形式，主要指体育活动课和校外体育实践，亦是实施“两纲”教育的重要阵地，学生通过各类体育活动和体育竞赛中加以体验，在校内外的锻炼中得到认同。加强课外体育活动组织和引导，是体育学科实施“两纲”教育的重要任务。

（一）引导学生的各类体育竞赛中体验

竞赛是体育运动永恒的魅力，体育竞赛中时时处处蕴含着民族精神和生命教育的丰富资源。从组织形式上可分为个人竞赛和集体竞赛；从类型上可分为体育知识竞赛、技能竞赛、体能竞赛等；从运动项目上来可分为田径、球类、体操、民间民族体育、游泳、韵律等。

1. 个人竞赛

个体间的竞赛如田径运动中的短跑、长跑、跳高、跳远掷实心球、垒球和轻器械，乒乓球和羽毛球的单打，单人跳绳、踢毽子等，对学生进行公民人格教育是十分有效的，在竞赛中可以引导学生在成功与失败、坚持与放弃、赞扬与批评的情境中，不断地自我调节情绪来影响自身的体育行为，让他们从自身经历的体育比赛中学会识别方法，提升“自律”水平。

2. 集体竞赛

集体项目竞赛有利于学生形成团队合作意识，其团队形式多种多样，体育教师在竞赛活动组织实施过程中要有强烈的愿望去培养学生这方面的意识。通过任务承担、活动编排、角色转换等各种方式，促进学生能正确理解他人、尊重他人、关心他人。

3. 体育知识竞赛

以某个主题或专题组织学生开展体育知识竞赛是实施“两纲”教育的一个有效渠道。如“青春期体育知识竞赛”让学生知道青春期生理卫生的基础知识，了解自己的生长情况，关注自己身体在不同年级的变化，并乐于告诉家长、教师和伙伴，懂得这一阶段发展体能的内容和适合学生运动的项目，搜集相关锻炼的知识，促进学生树立正确的体育健身价值观，积极锻炼、关注健康，并逐渐成为他们学习生活的一部分。

4. 技能竞赛

技能类竞赛是以某一项目的动作技能组织的竞赛，亦是对学生实施“两纲”教育的一种有效形式。如在进行迎面接力比赛中，通过传授正确的传接棒技能来提高传接棒的速度，避免传接棒者之间的正面冲撞；同时还可以适时进行“诚信守法教育”，要求学生认同并执行游戏规则，引导他们逐渐形成“规则至上”的态度和意识。组织这一类竞赛时，侧重研究其隐形的教育含义和显性的培养价值，突出主动参与、积极表现、合作探究和适度强化的设计要求，体现尊重生命、珍爱生命和评价生长或健康的教育。

5. 体能竞赛

体能类竞赛是以人体体能等方面组织的竞赛，如引体向上、仰卧起坐、短距离游泳、耐力跑等，对于增强向上体质，培养学生良好的意志品质具有十分重要的意义。如进行6～10分钟耐力跑比赛，教师应有意识地教导学生合理分配体力，让学生懂得运动极点的知识与应对的基本方法，到达终点后会做适当的调整，通过学生的体验来不断提高抗挫折能力。

（二）引导学生在各类体育活动中感悟

课外健身活动的形式多样，应让学生在集体、个体活动中感悟“两纲”精神。如很多学校都有自己的特色内容和体育传统项目，这些体育传统项目在学校有着广泛的群众基础和长久的开展历史。可以通过体育兴趣小组和学生体育社团来实施“两纲”教育，学校应积极鼓励学生参加体育传统项目和特色内容的活动，通过传统特色体育项目的展示及班际、校际之间的交流比赛来增强学生对“两纲”的体验和感受。有些学校还可以请本校毕业的优秀运动员回母校，与师生共同开展主题活动，讲述顽强拼搏、为国增光的故事，进行文化认同教育。

自我健身是《体育与健身》学科教学中着力培养的一种体育能力，这是由课外活动较之于课堂教学组织形式自由，内容选择更自主、结伴组合更随机所决定的。教师必须关注与引导学生在自我健身活动中如何自主进行热身、如何自我监控运动量、如何保持活动场地上人与人之间的活动安全距离、运动后如何做一些最基本的整理运动等，培养学生自我健身能力，养成自觉锻炼的良好习惯，帮助学生认识生命、珍惜生命、尊重生命、热爱生命，不断提高生存技能，提高生命质量。

三、实施“两纲”教育的策略方法

体育健身学科实施“两纲”教育，应注重教学策略与方法的研究，从“两纲”教育的主题与体育健身教育的内容寻找结合点，从两者的教育目标寻找共同点，形成体育健身教育与“两纲”教育的合力，将更有助于提高学科实施“两纲”教育的有效性，让民族精神在学生心中深深扎根，让珍爱生命成为学生的责任。

（一）《体育与健身》学科实施“两纲”教育的主要策略

1. 要充分挖掘学科自身的教育内涵

在实施体育教育中，对“两纲”教育的基本知识的落实要根据各年级段学生的生心发展，根据学科教育内容加以结合，要充分挖掘体育教育中的“两纲”教育知识并有机地结合。体育教学大多在室外，宽松开放的教育环境有助于提高学生间的交往，提高学生合群意识；在体育教学实践中引导学生进行各方面的锻炼，促进人体生长发育的同时，引导学生学会保护与帮助的方法，树立将他人安全放在心上的责任意识；体育教学常规与学生自律力的培养；接力跑项目的集体配合与培养学生的集体主义精神；中长跑中的克服极点与培养学生吃苦耐劳的品质；体操和跳跃项目培养学生的勇敢精神；篮球、排球、足球项目培养学生的勇敢顽强的作风和团结友爱的集体主义精神；舞蹈、韵律操项目培养学生的文明行为和陶冶美的情操；武术项目让学生了解中华民族传统体育的精髓等。体育健身教育中蕴含着丰富的“两纲”教育知识。

2. 探索符合学生特点教学方法

“两纲”教育切不能采用简单的说教，尤其是对小学低年级学生，在教学中，可运用影像、网络、图片等手段，通过学习、体验、感知等方法指导学生在学习体验健身知识，在活动的氛围中，在与同伴、教师交往的过程中理解、体验民族精神与生命教育，感受民族精神与生命教育的意义，形成一种意识与能力。因此，要积极探索符合学生特点的教学方法，注重各种方法之间的相互整合，使体育健身教育与“两纲”教育有机结合。

“两纲”教育对各个年级阶段的学生提出了不同的学习内容，针对体育与健身学科的教育特点，应该有针对性地选择教育内容，如在小学阶段，可注重对学生集体意识的培养，初步了解自己身体的变化，了解体育健身有助于身体健康，培养科学健身、安全健身的习惯；在初中阶段，应该注重对学生进行集体荣誉感的培养，提高学生爱自己，爱伙伴，乐于助人的能力，培养各种优良品质，增强民族精神的认识，在高中阶段则更注重能力的培养和树立正确的人生观、价值观，使学生形成健康情感、健全人格，拥有良好的自我调控能力，保持健康向上的生活态度。

3. 创新适合学生发展的教学组织形式

体育健身教学是在一个开放的环境中进行，学生的学习是处于一种动态下的师生互动的，教师通过组织各种有效的教学形式与学生一起活动，如根据主题设计小组合作、比赛、交流等活动形式，让学生在互动的学习中掌握运动技能，加深同伴友谊，感知集体的力量；也可根据不同年级段与不同的教学内容设计部同的组织形式，由浅入深地引导学生对“两纲”内容的理解，从学生的冬天活动之中的表现，及时了解学生的思想，在不同内容、不同形式的学练中，把“两纲”教育的基本内容自然地介入其中，在学练中逐渐增强学生对集体和国家的认识，帮助学生树立集体意识，逐步树立国家意识，增进集体荣誉感和民族自豪感；在体育与技能的学习中获得对生命的认知，对生命的理解，尊重生命、珍惜生命，提高生存技能和生命质量。

（二）几种教学方法的介绍

1. 任务教学法

任务教学法是以明确的任务作为课堂主要教学目标，通过学生和教师共同完成某些任务，使学习者自然地学习。在学生实践任务过程中，培养学生自我分析、解决、总结问题能力的教学方法。

在《体育与健身》课堂教学中，教师应善于挖掘出内容主题中的德育元素，运用任务教学法来实施“两纲”教育。如在进行内容主题为“障碍接力跑”的教学中，教师给学生的任务是各组利用现有的器材场地（如跑道、垫子、栏架等）布置具有健身实效的、趣味性的、有创意的障碍赛道，在任务的驱动下各组的学生进行分工合作，以各种创意完成任务。在任务完成过程中让学生体验合作的乐趣，增强学生的团队意识。而在稍后进行的障碍接力比赛中，教师布置的任务是学生能以合理、安全、快速的方法通过障碍，取得优胜。在任务驱动下培养学生提高克服障碍的技能，培养他们勇敢顽强、不怕困难的品格，增强抗挫折能力。

2. 主题教学法

主题教学法是指围绕所选的主题设计相关的学习内容和活动形式，既设计学习主题，又按照学生特点（也包括教师自身的优势、特长）所设计的引导学生能动学习，达到既定目标的，具有方法论意义的主线索以及相应的内容载体和学习策略的总和。

如，在小学进行“走跑交替”教学时，可以结合北京奥运会进行“奥运火炬接力”这一主题式的教学，使学生在身体得到锻炼的同时了解很多奥运知识，增强祖国的荣誉感。

3. 分层教学法

分层教学法是根据学生身体素质、学生认识层次、学习习惯及兴趣、心理素质等各方面所存在差异，为面向全体学生因材施教而采用的一种教学方法。其宗旨是为全面推进素质教育，有意识地促进各层次学生的内在潜能的充分发挥，使不同层次的学生都能在原有的基础上得到最大程度的提高。

学生的差异是客观存在的，这种差异反映在体育教学中有时是很大的。在《体育与健身》教学中，教师应面向全体学生因材施教，如在进行“跳箱”教学中，教师可以根据学生的不同能力进行分层教学，按不同的跳箱高度和跳板的远度进行分组；在小学低年级“跑走交替”练习中，可以根据学生的能力提出不同的要求；在集体球类比赛中，可以按能力进行分组对抗等。通过分层教学使学生感受健身的乐趣，提高生存技能，增强团队意识，培养勇敢顽强的精神。

4. 情境教学法

所谓“情境教学”就是通过创设生动、具体的教学场景和活动情境激发学生的学习情绪，达到情景交融的教学效果。

在体育教学中，教师可以针对不同的内容主题创设相应的情境。如在进行“障碍跑”的教学中，可以设立一个“抗震救灾”的内容主题，围绕主题创设相应的情境，让学生置身于教学场景和活动情境之中，通过虚拟角色的扮演来落实学习目标，在活动中提高学生的自我保护能力，提高生存技能，不断帮助学生认识生命、珍惜生命、尊重生命、热爱生命。

5. 竞赛激励法

竞赛激励法是指将带有竞赛性质的练习贯穿于教育的始终，产生一种教学魅力，满足学生的自我表现欲望及喜欢竞赛的心理，以增加学生不甘落后的压力感和奋发向上的竞争心的激励方法。

竞赛激励法是体育教学中最常用的教学方法，也是体育教师最擅长运用的方法，体育教师要善于运用竞赛激励法来实施“两纲”教育。如拔河是一项深受学生喜爱的传统体育活动，具有增强学生体质，培养学生顽强拼搏意志品质和集体主义精神的作用。在体育活动课中以小组对抗赛的形式组织学生进行拔河比赛，易于激发学生强烈的竞争心和集体荣誉感。通过集体性的民族传统体育运动，培养学生团结协作的精神，使学生的群体意识得到加强，对增强团队凝聚力起到重要作用；在“基础知识”教学中竞赛激励法同样能产生很好的教学效果，如中学的“奥林匹克运动简介”专题的教学，就可以采用知识竞赛的方式进行教学，更好地帮助学生了解奥林匹克文化的发展与人类发展之间的关系，了解我国体育健儿在奥运会上为国争光的事迹，增强民族自豪感。

6. 游戏教学法

游戏教学法就是以游戏的形式教学，也就是说让学生在生动活泼的气氛中，在欢乐愉快的活动中，在激烈的竞赛中，不知不觉地学到材料中的内容，或者学到学生必须掌握的课外科学知识。“游戏教学法”是“游戏”和“教学”两者巧妙的结合体。

小学生喜欢游戏是一种天性，在小学阶段的体育教学中很多内容主题都可以采用游戏的形式，如进行快速跑教学时，可采用“画五环”接力跑、“拼福娃”接力跑的游戏形式，让学生在游戏中发展快速奔跑的能力，了解奥运知识，增强民族自豪感；又如初中的“信任背摔”游戏，教师首先在学生的合作下进行背摔的示范，示范完毕后让学生自愿组合结为小组进行体验和合作，通过体验身体后倒的本体感觉，尝试克服忧虑与恐惧，锻炼心理承受能力，感受获得保护与帮助方法的益处，增进友谊与信任，树立对他人安全责任的意识。

在《体育与健身》学科教学中教师应该提高实施“两纲”教育的意识，挖掘“两纲”教育元素，根据不同的内容主题选择针对性强的方法手段，力求使体育教学与“两纲”教育无痕融合，在《体育与健身》教学中不断提高“两纲”教育的实效。

注：此文收入徐阿根主编的《体育教师话德育》一书中。

体育课堂教学中如何监控和调控学生的运动负荷

摘要：运动负荷是体育课特有的要素指标，适宜的运动负荷对促进中小学生的健康成长具有十分重要的意义。如何分析影响体育课运动负荷的主要因素，如何对体育课学生的运动负荷进行精准、实时和全程的监控，如何基于监控对学生的运动负荷实施有效调控，就这些问题本文进行了阐述，希望能对体育课堂教学中如何监控和调控学生的运动负荷有所启示。

关键词：体育；课堂教学；监控；调控；运动负荷

运动负荷是体育课特有的要素指标，与其他学科相比，在三维目标设置、教学过程和教学评价中唯有体育学科具有运动负荷这一教学因素和变量指标，也是体育学科教学的本质性因素与体育课的特点所在。从人的动作技能习得的角度而言，一定数量的练习次数是动作技能学习“泛化”—“分化”—“自动化”必不可少的保证，而合理的运动密度和强度刺激是学生身体得到有效锻炼的必要条件。可见，在中小学体育课中合理的运动负荷对于学生掌握动作技能、锻炼身体起着不可或缺的作用。了解影响体育课运动负荷的因素，全程监控体育课的运动负荷，并实施体育课运动负荷的有效调控，对于提高中小学体育课的健身有效性，促进广大学生的健康成长具有十分重要的意义。

一、影响体育课运动负荷的主要因素

（一）教材性质

不同性质的教材内容决定着运动负荷的高低。如前、后滚翻等垫上运动教材本身的特点决定了这个教材内容的运动强度不会很大；50 米快速跑项目属于无氧运动，教学中其每次练习的强度比较大，练习密度就不会太高；而韵律操、武术套路以及全员同时参与的体育游戏等，通常练习密度就比较高。教师在日常教学中要知道每一个教材的教学将会产生不同的运动负荷。

（二）场地器材

运动场地的大小、优劣，练习器材的多少制约着体育课学生的运动负荷。如有些学校跑道少，导致学生每次练习的人数少，排队等候的时间长，练习密度低；篮球运球教学，假如能每位学生人手一球，练习密度自然就很高；支撑跳跃教学，由于学校的“山羊”或跳箱一般不会很多，加上安全因素的制约，练习密度也不会高。通常场地器材的合理使用是教师调控运动负荷的一个难点。

（三）教学设计

1. 运动负荷预设

在制订课时计划时，教师根据不同性质的教材内容、现有的场地器材条件和所教学生的年龄对本课的运动负荷做出比较合理精准的预设，是确保体育课达到适宜的运动负荷的前提条件，也是在课中进行运动负荷调控的参照指标。

2. 教学内容搭配

通常小学阶段的体育课是由一个主教材加上一个综合活动，而中学阶段的体育课是一个教材加上相关体能练习。教学内容如何搭配，如何做到“1+1= 适宜的运动负荷”，是影响运动负荷的重要因素，也是体育教师必做的功课。

（四）组织教学

1. 学练组数

一定班额的学生数，通常练习时分组越多，每位学生练习次数就多。因此，在场地条件、器材匹配允许的情况下，如何用好场地的空间和人均器材资源是决定体育课运动负荷是否合理的因素之一。如在进行垫上运动教学时，2 人一垫与 8 人一垫的练习密度有几何级的差异；一字排开同时进行“蚂蚁爬”与排着队进行依次进行爬的练习密度差异也是很大的。

2. 队伍调动

体育课队伍的调动是体育学科特有的环节，快速、合理、必要的队伍调动能确保适宜的运动负荷，而不必要的、过多的队伍调动不仅会不断打乱学生的学习连贯性，还会直接影响运动负荷教学目标的达成。

3. 讲解示范

讲解与示范是体育课动作技能学习和身体锻炼必不可少的环节。教师的讲解是否精炼易懂，示范是否规范精准，讲解示范的时机等都是影响运动负荷的重要因素。

（五）季节气候

拥抱阳光、适应环境是体育学科本质特征的外在体现，适应自然环境是体育学科的培养目标。不同季节对运动负荷的要求是不一样的，夏天练习强度不宜太大；不同天气对运动负荷的要求也是不一样的，雨天在室内上课运动密度通常很低，晴天在室外上课就比较容易达成适宜的运动负荷目标。

（六）教学监控

是否对学生在体育课中的运动负荷进行监控，也是影响体育课运动负荷的因素，它是进行课堂教学调控的必要前提。

1. 经验判断

教师是否在教学中基于主观经验对学生进行“察言观色”，主动观察学生肤色、呼吸、说话、注意力、出汗等情况，并将此作为教学调控的依据是影响体育课运动负荷的因素。

2. 数据实证

通过全操场网络的覆盖，实现运动手环、大数据平台和电子大屏幕的链接，监控学生的运动负荷是否合理，这是基于信息化平台的确保运动负荷适宜的有效技术手段。

二、体育课运动负荷的有效监控和调控

厘清影响中小学体育课运动负荷的主要因素后，教师就能有的放矢地对体育课的运动负荷做出有效的调控。从本人多年的教学、教研经验和对体育课运动负荷调控的研究，我认为对体育课运动负荷的有效调控应做到以下几点：

（一）合理预设

教师首先应针对影响运动负荷的相关因素进行分析，做出判断，并对本课的运动负荷做出合理的预设。如对教材的性质进行分析研究，将练习密度和强度不同的教材或练习进行合理搭配组合；充分利用场地器材资源，鼓励自制体育器材，积极寻找替代品，如通过自制的纸质接力棒来增加器材，提高练习密度的预设；精心设计练习队形的合理调动，以及教师讲解的要点和时机；根据不同的气候情况设置教学各环节的内容等。在当下运动手环进入课堂的背景下，教师还应对学生的安静心率、各教学环节的心率（热身、主教材教学、放松整理）和强度做好预设，以确保教学过程中对运动负荷的有效监控和调控。

（二）有效监控

体育课中学生运动负荷的科学监控是实施运动负荷调控的前提，是进行运动负荷调控的依据，没有实时、全程的监控就无从做到有效的调控。要对体育课实施运动负荷监控，主要依据主观印象（经验）和依靠测量工具（实证）对学生的生理情况进行监测，做出判断。

基于经验的体育课运动负荷监控，是教师在教学过程中通过对学生的“察言观色”，即观察学生的脸色是发红还是发白、出热汗还是冷汗、呼吸的快慢、说话的连贯程度以及注意力是否专注等情况，依据个人的经验对学生的运动负荷承受情况做出的判断。基于经验的体育课运动负荷监控需要教师具有一定的实践经验。

基于实证的体育课运动负荷监控，是教师在一定的体育课运动负荷指标（根据当下学生体质状况，上海市提出中小学体育课“适宜的运动负荷”的倡导。要求小学体育课：“高密度，中等强度”，中学体育课：“高密度，中上强度”）的指导下，通过教学测量仪器（运动手环）对学生参与学练时所测得的实时数据对学生的运动负荷是否适宜做出价值判断。基于实证的运动负荷监测同样需要测评仪器，这类监测注重实证，比较客观。

随着信息技术的飞速发展，运动手环进入体育课堂，对于学生运动负荷的监控做到公开可视、全程实时，使基于实证的体育课堂监控更加便捷实用。

“经验 + 实证”的体育课学生运动负荷监控是实施运动负荷有效调控的前提，基于信息化平台的实证性运动负荷监控是今后发展的方向。

（三）适时调控

体育课有了对学生运动负荷比较精准的全程监控，才能进行有效的教学调控，教师应该基于对学生运动负荷的全程监控来做出合理的调控。

1. 整体掌控

我们通常所说的教学调控首先是对全班学生总体运动负荷量而言的，是对大部分学生运动负荷的预设和在教学中实际运动量大小做出判断的基础上所进行的调控。从经验的判断出发，假如在课中大多数学生出汗过多、呼吸明显加快或者说话不能连贯很吃力，教师就应该调整练习的次数或者间隙的时间，甚至改变学练的内容。就日常中小学体育课的现状而言，更多的是练习密度不大，强度刺激不够。教师应该根据自身集中讲解时间的多少，学生练习等待时间的长短，对教材内容性质的判断，学生是否微微出汗等情况，及时做出判断，假如运动负荷太小，应及时增加练习次数，减少不必要的讲解，增加具有一定强度的练习等，进行纠偏性的教学调控。

在信息技术进入操场的今天，对体育课学生运动负荷的调控还可以这样：

这是一堂主教材为“走与跑：跑走交替”的二年级体育课，只见操场上正在整队，每位学生手腕上都戴了一块运动手环，教师上臂则佩戴了类似手机的教师主机，操场旁还有一面大的电子屏幕。准备活动开始，学生按照教师的指令进行慢跑，由于天气炎热，大屏幕上显示学生心率蹿升到教师预设的 130 次 / 分的指标，教师马上将慢跑改为关节活动和肌肉拉伸运动。主教材的教学教师则设计了快车道（跑）和慢车道（走）的情境，除了组织、指导学生进行跑走交替练习以外，教师还时时关注大屏幕学生心率的走向，通过调整跑与走的比例使全班最高心率控制在 160 次 / 分 ~ 180 次 / 分之间。在跑走交替练习后，教师将学生散点靠拢对后续“蚂蚁爬”的练习进行讲解，突然，教师手臂上的主机警示震动了，执教老师一看大屏幕，只见学生的心率直线下降，这是在提醒教师讲解时间太长了，于是教师马上以简要的语言结束讲解，组织学生进行“蚂蚁爬”活动。放松整理部分，在师生的放松活动中学生的心率渐渐向课前安静脉搏靠拢，师生们怀着愉悦的心情结束了一堂快乐的、健身实效很高的体育课。

这样的体育课在部分小学已经实现，仰仗于对学生运动负荷精准的监控和有效的调控，学生的各项体能指标直线上升，可见基于实证的体育课学生运动负荷监控和调控的效果显著。

2. 关注差异

学生间是有差异的，受遗传和后天锻炼情况的影响，一个班级的学生在体能、技能上的差异有时很大。在体育教学中，我们固然要考虑全班整体的运动负荷，但决不能忽略两头，即体能弱的学生和体能特优的学生，在进行体育课运动负荷监控和调控时要特别关注这两类学生。

让每一位学生得到发展，这是教育理念也必须是教学行为。对体育课学生运动负荷的调控必须关注差异，确保不同体能的学生都得到有益的锻炼。

3. 自我调节

培养学生自主健身能力是体育学科的核心能力，让学生懂得如何科学健身是体育学科应有的教学任务和培养目标。对体育课运动负荷的监控和调控绝不仅仅是教师的行为，而应该是师生共同的行为。教师应该教会学生如何从经验上自我判断运动量是否合适，教会学生通过运动手环和电子屏幕显示的数据来进行运动负荷的自我检测和自我调节。同样，教师也应该通过主机的提示调整自己的讲解、队伍调动等教学行为，把更多的时间留给学生进行有效学练。

三、思　考

运动手环、大数据这些关键词在体育教育领域开启了科学教育的新时代，推动体育教学的众多变革。目前，基于信息技术的实证性运动负荷监控和调控在国内的中小学体育课堂教学中还处于探索起步阶段。很多问题都有待我们进一步去探究和实践。如当新技术进入教学流程之后，对于任课的体育教师来说在教学中需要关注更多的东西，需要将经验与实证有机结合来科学调控课堂教学；借助于运动手环和大数据，需要研究不同性质教学内容合理的运动负荷及调控手段，建立起不同性质教学内容适宜的运动负荷指标区间常模；借助于运动手环和大数据，实施差异化的教学，研究对不同体能学生运动负荷的预设、监控、调控和评价的有效方法手段等。建立科学、便捷的体育教学的预设、监控、调控和评价体系，使我们的中小学体育课学生的运动负荷监控更精准、调控更科学。

注：此文发表在《中国学校体育》2016 年第十期上。

基于“经验＋实证”的体育课堂教学质量评价

摘要：如何在新的教学质量观指导下，在基于课程标准的前提下，通过完善对体育课堂教学质量的评价方法手段，使我们的体育课堂教学评价更全面、更精准、更科学，就此问题本文对基于“经验＋实证”的体育课堂教学质量评价进行了简述，希望能对体育课堂教学评价的不断完善和改进有所启示。

关键词：“经验＋实证”；体育教学；质量评价

一、体育教学质量观

不同的体育课程教学价值取向会产生相应的教学质量观，而不同的教学质量观必定会形成不同的教学评价标准。体育教学质量观就是人们对体育教学质量的总体看法和评价，体育教学质量观是一个动态的、与时俱进的概念。

（一）传统的体育课堂教学价值取向

最具代表性的是以增强学生体质为重的体育教育和以传授运动技能为重的体育教育。前者将增强学生体质作为体育课的主要目的，后者则将体育的知识技能的传授放在首位。两种价值观的争论一直没停止过，还经常会产生钟摆现象。当下由于学生体质现状不容乐观，有些学者就又提出在中小学生体质状况不容乐观的当下，我们对体育课的评价应将运动负荷放在首位，钟摆又出现了向前者靠拢的倾向。

（二）新型的体育课堂教学价值取向

随着体育课程改革的不断深入，人们对体育课程的功能的认识越来越明晰，提出了重视培养学生体育核心能力、核心素养的体育教育观。上海市在体育课程改革中相继推出了“高中体育专项化”“初中体育多样化”“小学体育兴趣化”的试点研究和实践。将小学、初中、高中的体育课程改革形成系列，重在培养学生“自主健身”这一核心能力。这一系列的改革是在基于中小学体育课程标准的基础上进行的，因此，体现新型的体育课堂教学价值取向的主阵地在日常的体育课堂之中。

二、体育课堂教学质量评价方法的类别

评价简单地说就是对事物价值的判断。对体育教学质量的评价是在一定的教育质量观的引领下，根据相应的评价标准对体育教学情况做出的判断。评价的类别依据时间的长短来划分，可以是对一节课、一个单元、一学期、一个年龄段甚至整个学段的评价。而对广大体育教师来说，他们最熟悉的体育教学质量评价是对一堂课的教学情况做出判断，因为，学期、年龄段的教学质量是每一堂课教学情况的累积，因此，很有必要对一节体育课的教学质量做出评价。

对于一堂课的评价，主要依据主观印象（经验）、依靠评价工具进行测量所得的数据（实证）和其他各种证据做出的价值判断。日常教学中对课的评价较多地采用主观经验式的评价方式，而在一些研究课、公开课、评比课中会加上依靠评价工具进行测量。

基于经验的体育课堂教学评价是评价者在一定的体育教育质量观的指导下，在听课的过程中根据评价标准，依据个人的经验做出的价值判断。其简单易操作，只要一本听课笔记本、一支笔就可以进行。但主观成分较多，一些缺乏经验的年轻教师做出的评价常常出现偏差，而一些有着丰富经验的老教师做出的判断往往比较精准。

基于实证的体育课堂教学评价是评价者在一定的体育教育质量观的指导下，通过教学测量仪器和评价量表所测得的数据对教学质量做出的价值判断。其需要测评仪器和评价工具，这类评价注重实证，用数据说话，比较客观。但操作比较复杂，并且需要多人参与评价，评价成本相对较高。

对体育课堂教学的评价，不管采用哪种评价方法，都必须在重视培养学生体育核心能力、核心素养的体育教育观的指导下，基于中小学体育课程标准，从知识与技能、过程与方法、情感态度与价值观三个维度完整全面地进行评价。

（一）基于经验的体育课堂教学评价

基于经验对体育课的评价可以从不同的角度入手，但通常应从以下几个方面进行评价。

1. 知识与技能

对一堂课“知识与技能”目标落实的情况是评价一节课教学质量的主要维度。我以为可以采用以下手段进行评价：

首先可以从看文本入手。查看执教者的教案“学习目标”的设定是否适切，是否全面。再看教学重点、难点是否找准。教学重点是本堂课的主要任务或动作技能学练的核心环节，而教学难点则是学生对某教材在技术上不易掌握的部分。如某位教师的后滚翻教学重点是后倒快、团身紧，教学难点是：推手的时机。根据教师所定的教学重点、难点，我们进而去看教案上的方法手段是否围绕教学重点和难点，有层次、有针对地加以实施。通过课前对文本的查看就可以对本节课有一个大致的判断。

其次可以通过学生完成动作、掌握技能的情况来估计一下学习目标达成度。一般采用通过眼睛的观察来估算完成（或没完成）动作技能学生比例的方法加以判断。

2. 学练参与度（运动负荷）

学生是否积极参与学练，运动负荷是否适宜是评价一堂课的富有体育学科特质的重要指标。教师可以从分组因素、器材因素和讲解因素去观察练习密度的高低。一般一些排队进行的练习，如接力跑、支撑跳跃每组人数少则练习密度高；人均器材比越高练习密度也越高，如人手一篮球进行运球练习一定比两人一球练习密度高；另外，教师是否精简多练也是判断练习密度高低的观察指标。

不同的学练项目练习强度也有所不同，如50米快速跑就比前滚翻的练习强度大很多。另外，练习的组数、间隙时间的长短、项目持续的时间等都是教师判断体育课强度大小的因素。

教师还可以采用最简单的观测方法，即课结束时学生是否微微出汗来判断整堂课的健身效果。

3. 兴趣的激发、维持程度

学习兴趣是推动学习活动的内部动机，朱熹受过“教人未见意趣，必不乐学”。培养中小学生对体育课的兴趣，对体育的兴趣是体育课的一项重要使命，也是评价体育课质量的主要看点。观课时最简单的经验判断主要是直接观察学生学练时的愉悦度、投入度，其中学生的笑脸和笑声是最显性的评价因素。

4. 合作交往

在体育活动中培养学生交往能力和团队精神是健身育人的具体体现。观课时我们要关注教师是否为学生的交往搭建了平台，并且给予必要的合作交往的时空，如在进行障碍跑接力教学时，是否让学生进行小组讨论，组间交流，共享合理地过障碍的方法；在进行手倒立教学时，是否引导学生相互保护、相互提示、相互交流，这些都是教学评价的观察点。

5. 教师素养

教师的教学基本素养如何关乎体育课的教学质量，也是听课者评价体育课质量的重要看点。其中教师的口令是否规范；语言（包括肢体语言）是否精炼、生动、富有张力；示范动作是否精准，示范点和面是否合理；组织教学是否有序；而对生成性教育资源的把握，突发事件的处理能力更能体现教师的教学能力。以上都是与课堂教学质量高度相关的评价因素，是评价者必须采集考量的指标。

6. 器材使用

对一堂课的观察除了师生教与学的情况以外，人与物的关系，体育器材的使用情况也是一个重要的评价点。在课中体育器材是否有利于激发学练的积极性；是否针对教学重点，化解教学难点；是否安全、适宜、新颖；是否做到一物多用等，都是可以凭着经验加以评价的。

（二）基于实证的体育课堂教学评价

基于实证的评价，上海市中小学目前评价的维度主要有运动负荷、心理感受、合作交往这三方面。

1. 运动负荷

根据当下学生体质状况，上海市提出中小学体育课“适宜的运动负荷”的倡导。要求小学体育课：“高密度，中等强度”，中学体育课：“高密度，中上强度”。随着信息技术的快速发展，各种测量心率的手表被广泛运用到对体育课运动负荷的监测中，这些评价工具既可以对学生整堂课的心率变化进行全程监控，又可以课后通过软件对生成的各类数据进行分析解读（见图 1 和图 2），从而评判课堂教学质量的优劣。

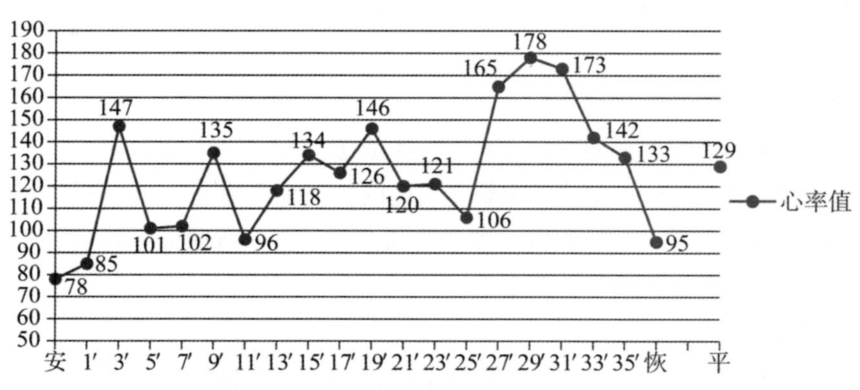

图 1 上海市《体育与健身》课堂教学心率图

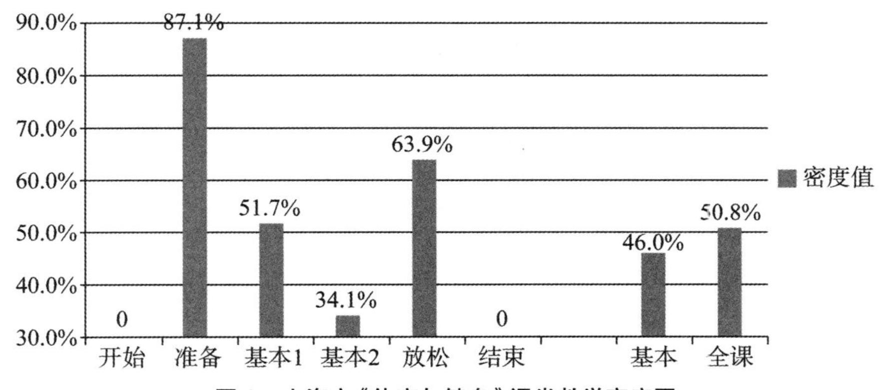

图 2　上海市《体育与健身》课堂教学密度图

2. 心理感受

对体育课心理感受的评价是一项比较困难的事，目前我们正根据新颖性、挑战性、注意力、探索性、愉悦感和总体兴趣 6 个维度去开发评价工具，去观测体育课中学生的心理感受，并依据“小学体育兴趣化”的指导思想去评判小学生在体育课中的兴趣激发、维持的情况。

3. 合作交往

合作交往这一指标的评价，体育课虽然不像其他在教室内进行教学的学科那样方便，但我们可以根据体育课学生的分布常常处在动态中这一特点，合理选择好观察对象，开发设计观测量表，并对有效合作的行为数据进行采集和录入，在课后进行分析解读。上海市在这方面也进行了一些探索，并取得了较好的效果（见图 3 和图 4）。

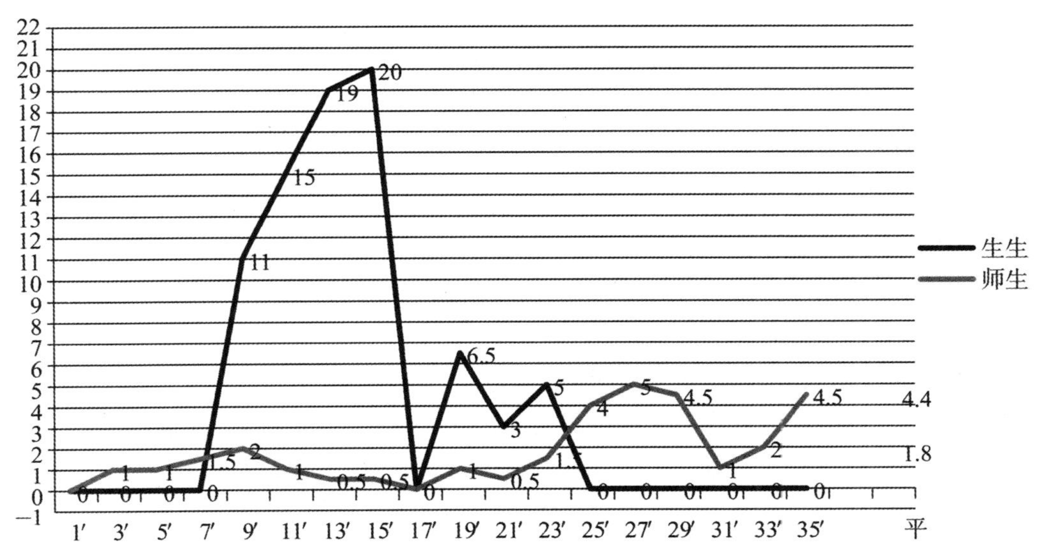

图 3　上海市《体育与健身》课堂教学互动交往观察图

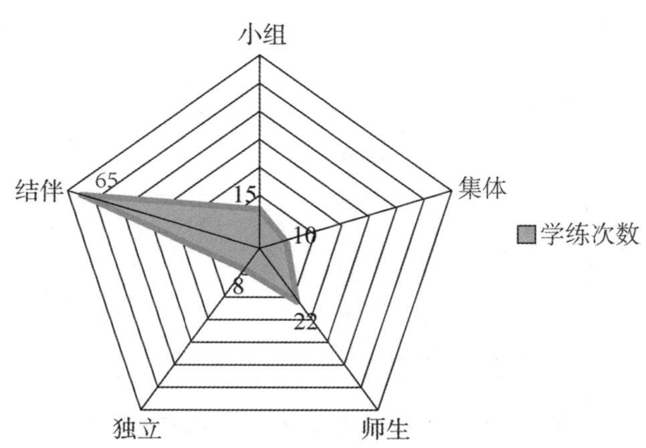

图 4　上海市《体育与健身》课堂教学五角学练观察图

三、基于“经验 + 实证”的体育课堂教学评价的探索

基于经验的体育教学评价和基于实证的体育教学评价各有所长，也各自存有短板，并且两者之间还存在着相互交集的区域。比如依靠心率手表所测的数据仍需凭着评价者的经验进行分析解读；又如对学生课中合作交往的数据采集也需要我们依据一定的教学经验去加以甄别而即时做出取舍。所以，只有将“基于经验的评价”和“基于实证的评价”两者结合，扬长避短，才能使我们的体育课堂教学评价更全面、更科学。

对基于“经验 + 实证”的体育课堂教学评价的探索，我们已经在理论层面和操作层面积累了一定的经验，并在日常教学、区级和市级研讨课中进行了尝试，取得了较为理想的效果。如何进行基于“经验 + 实证”的体育课堂教学评价？我感到主要应从以下几个方面加以关注和思考：

1. 发挥“经验评价”与“实证评价”各自优势

在实施基于“经验 + 实证”的体育课堂教学评价时，要充分发挥两者各自的长处。对体育课的“运动负荷”“合作交往”教学情况可采用实证性的评价手段，而对“知识技能”“教师素养”和“器材使用”等教学情况可采用经验型的评价手段，“心理感受”维度则可以用经验与实证相结合的评价手段。

2. 加强信息技术评价工具功能的研发

目前市场上各种用于健身测量的手表很多，功能也在不断扩展，一般都可以对学生的运动心率进行监测，还可以通过蓝牙与电脑进行数据传送，供课后进行数据分析，从而对体育课质量做出评价。但目前还不能做到执教教师对体育课中的运动负荷是否适宜即时做出评判，因此要与技术研发部门合作，根据体育教学质量评价的需要进行功能开发，如采用基于无线网络的测评工具，实施对每位学生的全程运动负荷监控，这种监控不仅有场外人员的监控（后台主机），还包括上课教师对学生运动负荷监控（臂上佩戴式主机），课前教师还可以根据不同的教材内容预设心率上下两条警示线，运动量太大或太小时教师的主机都会发出震动加以提示。假如是公开教学研讨课还可以借助大屏幕让听课者实时了解课的运动负荷动态变化等。

3. 不断完善评价量表

对体育课"心理感受""合作交往"教学情况的评价本身就是具有一定难度的，此类评价量表虽然进行了初步的研制，并进行了试行，但评价指标还需不断完善，对学生相关学习行为表现的认定与采集还需进一步精准和规范。

4. 合理选择观测对象

对体育课评价观测对象的选择应该遵循"点面结合、顾及差异"的原则。如对学生知识技能的目标达成度情况可进行整体观测，而对运动负荷的观测则主要选择有代表性的样本进行观测。在选择学生作为样本时，不仅要选择体能、技能水平中等的学生，用于评价全班学生学练的情况，还应选择体能、技能水平最强和最差的学生样本，以考量教学中差异化、多样化的教学情况。

5. 扩大基于"经验＋实证"教学评价的面

随着信息技术手段的不断进步，借助于仪器进行评价日趋简单易行。在此背景下，基于"经验＋实证"的体育课堂教学评价必将被普遍采纳，我们应该使基于"经验＋实证"教学评价从公开教学层面走向日常教学层面，让更多的教师参与基于"经验＋实证"教学评价的研究和实施。虽然在基于实证的评价方面还不够成熟，但基于"经验＋实证"的体育课堂教学评价是今后体育教学评价的方向，我们应该不断大胆前行，使评价过程由单一的经验判断走向专业判断，使我们的体育课堂教学评价更全面、更精准、更科学。

注：此文发表于《中国学校体育》2016年第二期。

教研篇：
促进体育教师专业化成长的平台

篇首语

体育教学研究活动是各层次教师专业化发展的重要途径，是体育教师从职初教师—合格教师—教学能手—学科领袖的发展平台。教研员是我们这样一个人口大国特有的职业，他的主要职责就是通过组织各种教学研究活动，或深入体育课堂，帮助教师们树立正确的教育观念，将先进的教育理念（论）转化为有效的教学行为。本人担任了近20年的区级小学体育教研员，也算是一位经验丰富、阅历较深的老教研员了，本篇章中的几篇拙文是本人教研工作的一些体会，也算是一段经历、一个回望吧。

依托创新研训工作模式，培育一流体育师资队伍

随着“二期课改”的深入实施，教师面临更为深层复杂的实践问题，教研活动模式面临新的挑战。首先，随着教育改革的推进，教师队伍结构发生了很大变化，呈现年轻化、高学历的趋势；其次，教师发展的需求也呈多元化趋势，受年龄、业务水平、工作条件和精神追求等诸多因素的影响，教师的发展水平参差不齐。因此，教研工作能否调动每个教师的积极性，满足他们的多样化需求，也是当前教研工作面临的新课题；再次，随着“校校通”工程、农村学校信息化工程等市政府实事工程的实施，教育信息化的工作重心已逐步转向应用推进环节，提高课程与信息技术的整合效益已成为上海市教育信息化的主要任务。显然，“网络教研”将成为体育教研工作新的生长点。

随着城市化进程的加快，闵行区已成为上海市一个主要的人口导入区，现有小学70多所（公办小学、民办小学、九年一贯制学校），小学专职体育教师近300名，近两年来每年新进体育教师约20名，10年以下教龄的教师居多。针对闵行区学校多、体育教师多、青年教师多、区域大的特点，本人积极探索教研新模式，通过实施研训工作“九化”策略，提高教研有效性。

一、教研培训一体化

积极探索研训一体化的有效途径，将教研与培训有机整合。每次区级、片级活动围绕一个研究专题进行教研活动时，都伴随着相应的培训，使理论与实践紧紧结合。如进行《在体育教学中实施“两纲”教育》的专题研训活动时，不仅组织教师听专题研究课，开展评课等，而且还进行“两纲”教育相关理论、途径与方法的培训。使教师在理论层面和实践层面都得到收获。

二、研训活动专题化

坚持以研究专题为抓手，开展课堂教学研训活动。精心组织每一次区级研训活动，活动的专题切入口不大，但活动主题明确，形式多样，教师间互动频率高，研究与培训紧紧围绕专题，使教师每次参加活动都有实实在在的收获。如进行“合作学习”专题的研训活动，首先，组织教师学习“合作学习”的基本概念；然后；展开一系列的“合作学习”专题研究课，让教师根据“合作学习”的基本要素来展开研讨，真正掌握其核心内涵；最后，通过自己的建构，在日常教学中加以运用。

三、活动开展区域化

根据本区区域大的特点，积极开展以片为单位（将全区划分成南、中、北三个片，七个组）的教学系列研讨活动。同一时间内几个片开展研训活动，不仅方便了教师，也大大提高了研训的效率。近年来，通过分片活动以及片际联动，逐渐形成了各片之间在参与率、活动形式、研究氛围、研训效益等方面的相互学习、良性竞争的局面。

四、教研团队伙伴化

校本研修是教师进行教学研究最基本的形式，其中同伴互助和专业引领是必不可少的要素。根据目前体育教研组微型化、年轻化，缺少骨干教师引领的现状。我本着“就近”“互补”“自愿”的原则，牵线搭桥，将三四个“同质”或“异质”的教研组结成合作伙伴，定期开展校际的联合教研组活动。通过联合教研，有效进行同伴间的互助，发挥骨干教师的引领作用，提高所有参与者的专业化水平。

五、研修互动全员化

不断提高工作效益，变一人参与为人人参与，变一人发展为全员发展。我每到一所基层学校搞研训活动，都力求形成“一人承担任务，全员全程参与理论学习、课的设计、说课、评课、反思、重建”的局面，最大限度地放大研训效益，不仅承担开课任务的教师在业务上得到很快提高，而且组内其他教师也无一例外地得到发展。

六、常规研训网络化

在市教委倡导开展网络教研的背景下，针对本区的区情，我尝试将常规教研与网络教研活动有机结合，充分利用互联网络扁平化、跨时空的交流特点，通过网络公告、观摩教学、视频展示、网上评课、即时和延时的网上研讨等形式，提高研训工作的有效性。

七、研训管理学分化

在研训一体化的背景下，将原来的“240”培训的学分纳入日常的研训活动中是必然的趋势。作为研训员我充分使用这一机制，如每次组织公开研究课不仅听课时本人签到，而且参加研讨时还要再次签到，并对发言的教师进行统计，根据教师参与活动的综合情况给予学分，充分发挥学分的统计导向作用，从而提高了研训活动参与度和质量。

八、培育青年有形化

为了闵行区体育学科蒸蒸日上的今天和辉煌的明天，从2006年起组织了两期0~5年教龄的体育青年教师研究学习小组。采用目标管理法、任务驱动法来实施培育。主要培育途径是：1. 专业理论和技能培训；2. 听随堂课、互动性实践课，以课堂为载体进行系列性的学习研究；3. 注重每次活动后的“后续性”研究，即“碰撞性”后续（各抒己见）；“重建性”后续（对别人的课进行重构）；“随笔型”后续（完成一篇随笔）；“点评性”后续（尝试进行点评）等。为青年教师提供机会、搭建舞台，为提速他们的专业发展给予足够的支持和指导。

九、质量监控常态化

为了避免体育教学的随意性，提高体育课堂的教学有效性。我们定期进行全覆盖的体育教学质量检查，通过随机抽查班级、体能项目和技能项目，进行体育教学质量监控。经过几年的常态化的质量监控，使体育教学内容得以全面教授，一些如跳“山羊”、手倒立等以前体育教师不太愿意在课堂中教学的内容，现在都得到了落实，体育教学质量明显提高。

随着研训工作模式的改变，体育师资队伍水平迅速提高，在市级以上各类教学比赛中成绩斐然，可以概括为“两个连续，一个囊括”。

（一）两个连续

1. 在教学上，本区体育教师连续两届获得四年一轮的上海市体育中青年教师教学评优一等奖，且排名第一。其中的一节参评课在2010年浙江省宁波市全国中小学教学展评活动中获全国一等奖；

2. 在科研上，我区小学体育教师所撰写的论文连续三届获全国体育科学报告会等第奖，其中一等奖1篇、二等奖3篇，三等奖6篇；还连续三届获得了市体育论文一等奖。

（二）一个囊括

本区体育教师个人或团队囊括了几乎所有上海市体育师生评比的一等奖。如上海市“备课、说课、上课、评课”评优活动四个单项和总分全部五项一等奖；上海市教师、学生广播操比赛均获一等奖；教师队列队形比赛一等奖；市中小学体育科研论文、教学案例一等奖等。

注：此文发表于《体育教学》2011年11期。

读书·体悟·发现

——初职教研员“美丽转身”的第一课

一、“两纲”教育是体育学科育人价值体现的重要前提

学校教育对人的一生影响深远，在学生时代加强“两纲”教育对一个人具有健康的体魄，并形成正确的世界观、人生观和价值观极为重要。体育学科是学校教育的重要组成部分，是“两纲”教育的显性学科，《体育与健身》课程中蕴含着丰富的“两纲”教育素材，“公民人格”中的“身心健康”“守法平等”“诚信尽责”“自强合作”；“国家意识”中的“民族团结”“国际视野”；“文化自信”中的“国家语言”“历史文化”“革命传统”“时代精神”等德育目标都在体育学科中凸显，因此，落实学科育人是《体育与健身》课程的应有使命。

对于实施“两纲”教育的认同感和使命感，实施“两纲”教育的能力与艺术，是提高落实“两纲”教育有效性的关键，进一步提高体育教师队伍的育德意识和育德能力将是贯穿实施“两纲”教育重中之重的任务。在贯彻“两纲”的过程中，作为课程的实施者、指导者，教研员要在教研、师训中做实“两纲”教育，使全体教师理解学科教学贯彻“两纲”教育的重要性和基本要求，明确其在“两纲”教育中的地位和主要职责，找到体现以动为主、动中培育的切入口。让体育教师的人文素养和学生的思想道德素质得到共同的提高。

二、教研员素养提升是学科师资队伍成长的有力保障

教研员是关乎区域学科师资队伍专业成长的关键群体，因为在每一个教研员背后，都具有一支潜能难以估量的教师队伍，其肩负的责任重大。教研员的整体工作水平的高低，直接关系该区教研工作的质量。为了更好地引领教师队伍的专业发展，教研员个人素养的提升就不容忽视。建设一支具有良好政治业务素质、结构合理、相对稳定的教研员队伍是教育改

革和发展的根本大计。体育教研员必须具备高于一般教师的专业素养和能力，其中课程的指导力、专业技能培训力和教师队伍的引领力是教研员的核心能力。在学科落实“两纲”教育过程中，教研员的这种核心能力是学科落实“两纲”教育、促进教师队伍成长的有力保障。

三、学习中转换角色是教研员找准定位的关键所在

随着中小学体育教研员退休，新教研员接班，体育教研员队伍进入新老交替频繁期，数十名新入职教研员从一线体育教师的队伍中进入教研员的岗位。他们学历高，思维活跃，精力充沛，都是一线教师中的佼佼者，但在教研员岗位上还是新人，他们的专职业务素质和课程指导力与资深的老教研员相比，还存在着较大的差距。若入职培训机制不完善，将给新教研员的角色转换带来一定的困难。能否从真正意义上迅速完成由体育教师的角色向教研员角色的转换，提高新入职教研员健身育人、教育科研、教学研究、教学指导等方面的能力，关乎各区体育教育能否均衡优质化发展的问题，关乎上海市各区中小学体育教研员队伍的整体专业水平的高低。

对此，市教研员具有很强的职业敏感度，敏锐觉察到该问题的重要性，在他们的创意和筹划下，于 2013 年 6 月 17 日成立“上海市首届《体育与健身》学科初职教研员学习小组”，成员构成为：

项目策划与引领指导：徐燕平、王立新
项目全程指导与相关管理：A. 冯敏　B. 李鹰（均为特级教师）
初职教研员学习小组成员：小学段—* 施利娟、罗勤妹、倪伟、董秀娣、李文峰、洪晔；中学段—* 朱利荣、张蔚峰、高蓉、沈剑（* 号为学段组长）

为新入职教研员搭建一个迅速进入角色的“唱戏”舞台，通过建立一个完善的培训机制，以立德树人、健身育人、学科“两纲”教育为先，从教育科研、教学研究、教师培训和课程指导力等入手，加强新入职教研员的实务培训，促进和满足新入职教研员的专业成长需求，解决他们教研工作中遇到的实际问题，使新入职教研员业务能力迅速提高，尽快完成由教师到教研员的角色转换，建设一支高素质的中小学体育教研员队伍，全面提升各区中小学体育教学的课程指导力，引领区域内整个体育学科的发展、教师队伍的整体提升。

四、过程中历练自我是深入“两纲”教育的行为表现

为使初职教研员全面、快速提升职业专项能力，我们为“《体育与健身》学科初职教研员学习小组”制定了详尽的、针对性的培训方案，并落实到具体的学习内容中。（见附件 1）

学习与践行相结合是进行"《体育与健身》学科初职教研员学习小组"培训的主要策略，让学员们在学习中体悟，在践行中发现，在任务中成长。如2013年11月26日，在上海市奉贤区弘文学校举行了主题为：强身健体，动感培育——三至六年级"蹲踞式跳远"中小学教材衔接教学实践与研讨活动，作为培训项目，学习小组全体成员悉数参与，通过上海市中小学"蹲踞式跳远"教材衔接教学研讨活动和专题论坛，充分挖掘跳远教材中的育人价值，体现学科育人，在任务驱动中提高初职教研员在教学中立德树人的意识和能力。（见附件2）

此次活动，从策划、设计、研究到展示全程突出"强身健体，动感培育"这一主题，注重在学科教学中落实"两纲"教育，在"学习目标"和教学策略上体现学科育人价值，使"两纲"教育落地、生根、开花、结果。（见附件3）

德育为先，健身育人，学员们在且学、且悟、且行中完成由教师到教研员的华丽转身。

五、实践中善于发现是教研员集聚资源的有效渠道

对初职体育教研员的培训我们始终把握"读书感悟先行，导师引领学习，同伴合作践行，做实学科育人、实现整合培育"几个重要环节，让学员们认真学习相关理论读本，在导师的帮助下细细领悟，不断理解其中的要义。学员们将所学的理论带到日常教研中，带进课堂，用目光去观察、去发现来自一线的鲜活素材，并加以总结整理，不断提高自身学科育人的意识和能力，从而提高教研员对课程的指导力。比如按照培训计划，要求每位新教研员认真自学《强身健体，动感培育》一书，领悟书中一个个鲜活的案例和研究报告，结合自己日常教研工作，用一双善于发现亮点、捕捉资源的慧眼，去体悟、发现学科教学与"两纲"教育相融合的典型的素材，将学习收获、实践经验积淀下来，形成育人案例。下面就是两位来自崇明区教研员董秀娣、朱利荣的读书感悟：

让孩子的健康从体育课堂中出发

近期，我们认真研读了《强身健体，动感培育》这本书，对"关注学科育人价值，回归教书育人本原"的育人理念有了更深层的领悟和理解。

体育与健身学科作为学校体育的主阵地，肩负着学科育人的重要使命。而当前，不少体育教师在体育课堂教学中往往以传授体育技能为主，忽视了学生的生活世界和心灵世界，有的甚至只围绕着考试项目转，把学生当作接受知识的容器，还有的教师在育人过程中生搬硬套，牵强附会，学科育人流于形式，学生的人格难免会发生偏差，如学生缺乏不畏困难、勇于拼搏、乐观开朗、热爱生命、合作进取等精神。那么，如何才能充分发挥体育学科的特有的育人功能呢？

我想主要通过两条途径来实现，一是要充分重视学科育人的隐性价值。从研究报告中

得知，学科育人的显性价值得到了充分的体现，如学生的体能、技能和锻炼的习惯等都得到了有效的发展。但有超过一半的体育课的隐性价值没有得到体现，主要表现为教师忽视学生之间的差异，忽视培养学生合作、创新、探究等能力。下面让董老师用一个故事来阐述体育学科育人的隐性价值对学生全面健康发展所起的重要作用。

故事 1

健康是每个人都必须积淀的财富，教育是每一个孩子都应该享有的权利，我们不应该因为某个孩子的缺陷而忽视对其的关注和教育。在我们体育课堂中体现得尤为重要。那是一节四年级的 50 米快速跑教材课，前几次课中已经把快速跑的几个技术环节一一学练过了，虽说小学生对快速跑有一股“天性的”偏爱，但我估计一再强调技术学练的话，可能要让学生产生学习疲惫感，于是我对学生提出了快乐跑，没想到引出了一系列智慧跑、和谐跑……

教学片段一（关注差异，引导创新）

师：提问与回顾：50 米快速跑的各环节有哪些技术要领？（站立式起跑、起跑后的加速跑、途中跑和冲刺跑的四个环节的链接）

生：学生纷纷回答，参与交流积极主动。

师：听了大家的回答，老师真高兴。说明同学们前几次课的学习都很认真，今天我们换一种练习方法来加强各环节的技术要领。

生：同学们一下子眼神聚焦到我身上。

师：我们今天进行 50 米跑的接龙对抗赛，希望在接龙对抗赛中，大家既要体现出途中跑的技术，又能在快乐跑中享受成功的喜悦。提示分组要求：积极参与，推选组长；自主选择，关心弱者；人数相等，实力均衡等。

生：根据老师的提示要求，学生很快组成了四个小组。

师：我看了四个小组的成员情况，基本符合要求，连平时相对性格内向、孤僻、体弱的几位同学站在队伍里，脸上也露出了快乐的笑容。

比赛开始了，我的哨声一响，每一组的排头都像兔子一样窜出去，比赛在呐喊声、鼓励声……中结束，这一次是小高组获得了第一名。（那种喜上眉梢的神情，我也被深深感染了）

师：走近他们组，我发现平时跑得最慢的同学也在队伍里像乐开了花似的，于是我不失时机，让小高谈谈组内跑第一的心得。

小高：我们根据各自不同的实力，精心进行排阵，把跑得快的同学安排在排头和排尾，较慢的同学安排在中间；先不能太慢，最后保留追赶的动力，这也是我们共同合作的胜利哦！

意图说明：以提问的方式回顾已学知识；以改变练习方法提高学练兴趣；以关注差异学会关心弱者，树立自信；以创新排阵重申体育学科需要思练相伴。

从董老师的故事中可以看到：自主选择、积极参与、关心弱者、关注差异，让每一位学生在练习中享受到运动的快乐，学会关爱别人和树立自信心。也让学生感悟体育活动集体性、规则性、对抗性的特点，凸显思练相伴、合作互助的健身育人价值。

要想发挥体育学科特有的育人功能还需教师深入挖掘教材育人的内涵，通过创设育人环境，找准育人的切入点，才能将育人目标具化为教学行为。作为一名体育教师，要利用体育运动的魅力陶冶学生的体育情感，创设公平和谐的教学环境，从最细微的地方寻找育人的支点，使学生能保持一种积极的生活心态，让我们的孩子在体育课堂中真正感受到健康、快乐和幸福。

故事2

公平、智慧、和谐的学练是理想中的体育课堂，然而部分体育课堂中变为一场比赛、一只球、一条跑道……缺乏自信、忍让、宽容、公平成为教学中可能发生的事情。

教学片段二（一只脚的风波）

师：下面我们要进行最后一次接龙对抗赛了，刚才小高组的同学积极动脑，创新排阵让大家感受到了智慧的魅力，老师希望每组同学都有这种积极思维的好习惯。

生：每组都做了讨论和重新组合（有男女交叉的、女在前男在后、慢在前快在后……）形形色色。

师：哨声一响，最后角逐开始，还剩两三位同学时，意外发生了。小明同学伸出的一只脚把旁边组的小俊同学绊倒了，小俊一个侧滚翻马上爬起，继续往前跑。

生：顿时炸了锅，小俊组同学激动地说小明是故意的。

师：等小俊一跑回来，我马上奔了过去，看了看伤势，脚上擦破了皮，渗出了血丝。

小俊：对着我笑，跟我说没关系的，幸亏老师教过我们在摔跤时要学会自我保护的方法，我一个侧滚翻就把它化解了。

师：我被小俊的宽容感动了。此时，同学们还是你一句他一句地说小明是故意的；我回过神看着小明，我看到他眼神里流露出一副沮丧而无奈的神情，充满内疚，于是我就说："老师相信你不是故意的，是不小心，大家请别激动，有事慢慢说。"

小明：朝着我尴尬一笑，支支吾吾，欲说欲不能。

师：我又大肆表扬了一番小俊，并引导学生学会忍让、学会宽容、学会珍惜；提示大家任何比赛都需要公平和公正。

生：最终学生们都被小俊的坚强、执着、宽容所感染了，全体学生都为他鼓掌。

意图说明：摔跤了，继续跑，体育场上需要这种坚强和执着；摔跤了，一个侧滚翻就把它化解了，学以致用体育真正的魅力所在；憨憨一笑，给别人的是宽容，给自己的是美丽，让体育课充满和谐。

董老师的故事告诉我们：金无足赤，人无完人，孩子在成长的过程中难免会犯错误，如果孩子犯了错误得不到教育、理解、宽容和善待，那么，其成长之路就有可能是一条充满风险的“凶险”之旅。故事中小俊同学和董老师的宽容使小明同学在信任中领悟了公平竞争的真谛。我深信，这样的和谐教学，无疑会给学生留下最美好的、最幸福的回忆。

任何事情的存在必有它的两面性，所以教育学生不能简单地用“应该怎样，不能怎样”的教条式教育来要求学生。就如刚才故事中所发生的“一只脚的风波”小明同学伸出的那只脚，他想通过阻挡别人获得胜利是错误的，也没考虑到会伤害别人；小俊同学的一笑而过，宽容的心使一场风波就此打住，真正体现了体育课堂和谐的魅力。所以说，体育教学中贯彻健身育人，应该在把握教材的基础上，循序渐进地渗透育人教育，相信通过我们努力，一定会发挥体育与健身学科独特的育人功能。

从两位教研员读书的体会中我们清晰地看到了新锐们在体育学科中实施“两纲”教育指导能力的提高，我们将紧紧依托“上海市首届《体育与健身》学科初职教研员学习小组”这一平台，进一步提高教研员队伍的“健身育人”能力。

附件1:《体育与健身》学科初职教研员学习小组培训内容表

培训板块	培训内容	形式	要求
理论学习	学习“上海市中小学贯彻民族精神教育和生命教育教学指导意见”	自学、践行、发现	读书与体悟
	读《强身健体，动感培育》一书	自学、践行、发现	
	学习上海市中小学《体育与健身》课程标准(修订稿)	自学、交流	理解与实施
	读《飞燕平和》一书	自学、评优	读书笔记与分享
	读《体育教师话德育》一书	自学、体悟	
	自荐书三至五册	自习	
专题讲座	体育教研员的专业素养	讲座	制定自我发展目标
	智慧传递——老教研员的“财富”传承	讲座	经验集
	如何撰写教研案例	讲座、评优	案例
	如何有效组织开展各类教研活动	讲座	在实践中体现
	体育教育科研的基本方法	讲座	课题、论文
	课堂运动负荷的监控与评价	讲座	监控报告

（续表）

<table>
<tr><th>培训板块</th><th>培训内容</th><th>形式</th><th>要求</th></tr>
<tr><td rowspan="4">教研实务</td><td>每位学员主持一次教研活动
（体现学科育人、两纲教育等）</td><td>全员参与</td><td>活动整套资料</td></tr>
<tr><td>每位学员承担市级专题教学实践和研讨活动</td><td>全员参与</td><td>活动整套资料</td></tr>
<tr><td>参与“大中小学德育课程的课程标准与教材衔接研究项目（碎片化）”的研究</td><td>参与、学习</td><td></td></tr>
<tr><td>参与市学科中心组的各项活动</td><td>参与、学习</td><td></td></tr>
</table>

附件2：三至六年级“蹲踞式跳远”中小学教材衔接教学实践与研讨活动安排表

<table>
<tr><th>时间</th><th>内容</th><th>研究团队（教师）</th><th>地点</th></tr>
<tr><td colspan="4">中小学“蹲踞式跳远”教材教学实践（三至五年级为课1至3，六年级为课4、5—六/1和六/2）</td></tr>
<tr><td>12：30～12：50</td><td>1. 执教（三）：刘琳芬（杨浦区复旦科技园小学） 指导实习：施利娟</td><td>董秀娣、吴俊、于群、施琴
姚卫、蒋翠英、徐雁雁</td><td rowspan="5">校体育馆</td></tr>
<tr><td>13：00～13：25</td><td>2. 执教（四）：吴伟红（金山朱行小学） 指导实习：罗勤妹</td><td>李文峰、李原、高秋燕、张辉、
邵军、沈鲁杰、夏爱文</td></tr>
<tr><td>13：30～13：55</td><td>3. 执教（五）：包巨中（奉贤区弘文学校） 指导实习：倪伟</td><td>洪晔、陈立、张燕、王冬香、
周军、邬建忠</td></tr>
<tr><td>14：00～14：20</td><td>4. 执教（六/1）：李文杰（奉贤区弘文学校） 指导教师：金民</td><td>朱利荣、沈坚、吴新华、
徐正红、胡忠英</td></tr>
<tr><td>14：30～14：50</td><td>5. 执教（六/2）：林秀凤（徐汇区第四中学） 指导实习：高蓉</td><td>林琳、俞峰、吴叶丽、张蔚峰</td></tr>
<tr><th>时间</th><th>内容</th><th>负责人与指导教师</th><th>地点</th></tr>
<tr><td colspan="4">主题交流与研讨　主持：沈坚、洪晔</td></tr>
<tr><td rowspan="2">15：00～16：30</td><td>青年教研员学习小组项目：基于带教的践行，基于践行的思索
1.“读书”有感与“故事”告诉您
2.“传递带教”的声音（现场教研）</td><td>指导教师：冯敏、李鹰
学员：罗勤妹、李文峰、施利娟、倪伟、高蓉、张蔚峰、沈坚、洪晔、董秀娣、朱利荣</td><td rowspan="2">二楼报告厅</td></tr>
<tr><td>专家“心语”</td><td>徐阿根</td></tr>
<tr><td>15：00～16：30</td><td>市教研室领导讲话</td><td>陆伯鸿</td><td>二楼报告厅</td></tr>
<tr><td colspan="4">注：市教研员从台前到幕后，做不留痕的策划、指导者，记录“学习小组成员”的点滴成长</td></tr>
</table>

附件3:“蹲踞式跳远”教材学科育人素材摘录表

年级	德育目标	育人策略点击
三	在学习过程中，体验合作互助的乐趣，培养互相帮助，勇于进取的精神。	学生之间的互相评价、鼓励不仅是多元化评价的体现也是在育人价值上的彰显。小组合作学练、评价帮助学生养成良好的心理素质，提高调解自身情绪的能力，增强自信心和自尊心，培养坚强的意志品质，锻炼学生良好的沟通能力，社会适应能力，树立积极进取的人生观。
四	借助彩垫提高学练兴趣，体验合作的乐趣，培养学生自信勇敢、挑战自我的优良品质。	让学生在动手、动脑、动口的交互合作中感受体验小组合作学习带来的真正乐趣，使学生在展示自我中体验成功、收获喜悦、培养意志。
五	培养自主锻炼的意识、互相合作的学习习惯以及顽强勇敢的意志品质。	课中的学生自评、互评，师生共同评价等方式不仅促进了生生、师生的交流互动，更能够培养学生的责任心和自信心，融洽关系，使身心得到全面和谐发展，有效提升课堂教学质效。
六	通过小组练习相互帮助与评价，培养学生勇敢、积极进取、勇于克服困难的良好品质及团结协作的精神。	教师通过引导创设自主合作学习模式：比如两人或三人一组合作学习，互相帮助和纠正动作等，不仅使学生掌握助跑与起跳的动作技术，并且在学练过程中通过相互观察、合作和竞争促进和谐的人际关系，增强尊重生命、爱护生命的安全意识。
六	培养学生的学习兴趣，体验健身的乐趣，提高生活中跳跃障碍的能力；培养学生的观察、学习能力和相互之间的合作精神。	练习中充分发挥小干部的作用，起到交流、提醒和鼓励的作用，更益于学生学习和掌握在有腾空高度的基础上，要有一定的腾越远度。体能练习主要发展学生的腰腹和上肢力量，提高学生对体育锻炼的兴趣，同时增强学生的体质。

注：本文为本人于2013年作为“上海市首届《体育与健身》学科初职教研员学习小组”的导师给初职教研员培训的讲稿。

如何当好一名教研组长

一、教研组长重要性

教研组是我国中小学校的基层学科教学研究组织（最小的细胞），其本质上是中小学校的专业化、研究型、学术性的组织，它在很大程度上影响着教师专业发展水平，决定着学校学科教学质量。

教研组长具有管理的性质，也肩负着更为重要的教研和教师发展职责，对于教研组这一基层教师团队的建设和每一位教师的成长与发展起着至关重要的作用。可以说一位优秀的教研组长就是学校一门优秀的学科。

二、如何当好教研组长

我曾经担任过体育教研组长，因此斗胆把我的所谓经验拿出来与大家共享。

（一）组织管理

1. 责任心

要成为一名优秀的教研组长，必须具有较强的责任心，把体育教研组当作自己的“小家”来经营。

（1）用心经营。用上海人特有的精致来经营体育组。作为教研员我到过全区所有的学校，我有一个很明显的感觉，女校长的校园文化更为精致，她们把上海人的精致用在了校园环境布置上，把学校环境布置当作自己家的家庭装饰。我想假如组长能如此经营体育组的话，一定是个有责任心的组长。

（2）工作有条理。组长又像个管家，要把日常体育工作和各项体育比赛的时间、目标、实施等梳理得很有头绪。

2. 上通下达

（1）组长要将校长室、教导处布置的任务传达给组内成员，而传达前要先有思考，提出落实的想法并与组内教师协商。

（2）组长要将下面教师的想法、困难和出现的突发情况及时向领导汇报，以得到领导对体育工作的更大支持和帮助。但切忌打小报告或瞒报组内出现的重大问题。

（3）组长还必须将区里布置的体育工作及时向领导汇报，汇报前先要有自己的想法，切忌自己不思考只等领导下指示。

3. 凝聚力

（1）团结组内所有同事，尊重教师个性，发挥组内每一位教师的长处和积极性。

（2）为人处世公平公正，将自己作为圆心，与组内所有成员尽可能保持等距离。

（3）待人和蔼可亲，以商量的口气布置任务，特别是要尊重老教师。

（4）体贴爱护教师，关心组内教师成长，包括组内教师工作、家庭需要帮助的及时伸出温暖的手。

作为一名教研组长要懂得借力，因为光凭一己之力再强也是不行的。

4. 领导力

作为组长还必须具有比较出众的组织能力。

（1）组织教研活动（备课：分析教材、学生、重点和难点，方法手段；教研活动的形式：前移后续，常规与网络，角色分工研讨，口头语言与肢体语言结合，技能操练等）。

（2）组织各类竞赛（选人、训练、与相关部门打交道等）。

（3）组内研讨课（听课、评课人人参与，如何听课评课，成熟的课与稚嫩的课均有研究价值）。

（4）教学质量分析（从教学上分析问题、解决问题）。

5. 感召力

组长要学会以高尚的人格魅力来树立威信。

（1）身体力行，以身作则，这也是角色使然。

（2）勇于担当，敢于承担责任和重任。

（3）善于谦让，利益首先想到别人，组员才会跟着一起干。

（二）教学研究

1. 影响力

业务能力突出：自然威信。

组长要善于学习和反思，在业务上具有较高水准，这样才能让大家信服。

2. 教研活动突出“研”字

教研组长要精心策划每次校本教研活动，追求每次教研活动的效益，不能将宝贵的时间用于讨论具体事务，把教学研究变成无效、低效的工作例会。

组长要有创新思维，能主动策划，追求高效。

（1）有研究专题（建议每学期一专题）。

（2）有针对性（善于发现、梳理学科教学问题；针对问题开展研究活动，找到解决问题的策略与方法）。

（3）全员参与（有共同语言，人人有任务）。

（4）善于联动（如校际联合教研）。

（5）网络教研。

（6）学会借力（将教研员、骨干教师请进来）。

教研组长的使命就是：通过自己对教学问题的准确把握，对教师困惑的精准预判，对教研活动的有效设计，对教研效果的提前判断，组织教师开展目标多维、主体多元、内容丰富、形式多样、效果良好的教研活动。

3. 助推力

课题研究：

“世界上不缺少美，而是缺少发现”（罗丹）。教学中从来就不缺少问题，缺少的是发现问题的眼睛。

（1）各级校本课题（学科敏锐度，要善于提炼问题，善于选题，研究要有创新点）。

（2）身边的问题，口子要小、深（问题—课题）。

4. 新教师的培养

（1）做人。教会新教师做人，做大写的人。

（2）成事。引导新教师成事，在业务上尽早做得规范、入格。

总之，教研组长肩负着自身和教师成长、学校发展的重任。一个优秀的教研组长就是一门优秀的学科，众多的优秀学科成就优秀的学校。而一所优质学校又为教师的发展创设了良好的平台，共生共荣。

网上教研的“来龙去脉”探寻

一、背景：探寻由来

随着“二期课改”的深入实施，教师面临更为深层复杂的实践问题，教研活动模式面临新的挑战。首先，随着教育改革的推进，教师队伍结构发生了很大变化，呈现年轻化、高学历的趋势；其次，教师发展的需求也呈多元化趋势，受年龄、业务水平、工作条件和精神追求等诸因素的影响，教师的发展水平参差不齐，因此，教研工作能否调动每个教师的积极性，满足他们的多样化需求，也是当前教研工作面临的新课题；再次，随着“校校通”工程、农村学校信息化工程等市政府实事工程的实施，教育信息化的工作重心已逐步转向应用推进环节，提高课程与信息技术的整合效益已成为目前本市教育信息化的主要任务。显然，传统的教研模式已无法适应新课程实施对教研的需求。

闵行区位于上海市西南，随着城市化进程的加快，已成为本市一个主要的人口导入区，现有 71 所（公办小学、民办小学、九年一贯制学校），并还在以每年 2～3 所的速度增加。小学专职体育教师 264 名，近两年来每年新进体育教师都在 20 名左右，10 年以下教龄的教师占一大半。小学体育教师每周的课时量普遍比较多，随着“三课、两操、两活动”的实施，周课时量一般都在 18 节以上。从闵行区的地域范围来看，南北跨度很大，最南一端与奉贤区隔江（黄浦江）相望，北面与嘉定相邻，南北相距近 40 公里。东西跨度虽不大，但浦江镇的学校却位于黄浦江的东岸与浦东新区接壤。整个闵行区从俯视的角度看呈“带鱼”形状。

在这样的区情下，以往的区级教研活动常常存在一些比较难以克服的困难，因为教师课多而影响教研活动出勤率，有些教师听完课不等研讨活动开始就请假匆匆赶回学校上课；因为路途远每次教研活动的时间不能太长，下午的活动如果到四点结束的话，回家的路途很艰难。由于课多路远，教师研讨互动的时间受到限制，参与研讨发言的也不太踊跃。对此，虽然也针对性地想了些办法，如采用分南、中、北三个片开展教研活动的形式，但一些很好的片级活动资源不能让其他片的教师共享，效益只发挥了 1/3，十分可惜。因此，教师多、课时多、路途遥，一直是进一步提高区级教研活动实效的瓶颈，如何探索教研新模式，提高教研有效性，一直是我每次设计区级教研活动所要思考的问题。

二、做法：点上突破

假如说，提高课堂教学有效性是教师永远追求的目标的话，那么，提高区级学科教研活动有效性则是每一位教研员永恒的研究课题。在市教委倡导开展网络教研的背景下，针对本区的区情，我尝试将常规教研与网络教研活动有机结合，充分利用互联网络扁平化、跨时空的交流特点；同时对常规教研活动形式进行一些改变，采用“双活动展示制”（公开课展示、校本教研展示），以此来解决以往常规教研模式中的一些瓶颈问题。

（一）网络公告

为了让教师在教研活动前了解活动的主题、内容，我提前一周将研讨主题（体育教学与“两纲”教育融合）、看课要点（1. 体育教学与“两纲”教育怎么融合？ 2. 课中有哪些“两纲”教育点？ 3. 学生学会了哪些生成技能，增强了哪些意识？）、公开课的教学计划（单元设计、单元流程、课的设计、课时计划）和活动流程挂在网上，充分发挥网络的预告功能。

（二）研训一体

回应学院有关“研训一体化”的要求，将教师的培训与教研融合在一起。即根据研究主题先对教师进行核心理论的培训，然后在理论的指引下参与观课和研讨，力图通过这种理论与实践紧密结合的方式来提高教研活动的有效性。

（三）双重展示

为提高教研活动承办学校体育教师活动的参与率，加强体育教研组建设，采用“双活动展示制”教研活动形式，即先观看该校 1 至 2 位教师公开教学，然后观摩教研组围绕教研主题、针对公开课所展开的校本教研活动，最后才由全区教师介入，围绕主题对“双展示”进行互动研讨。

（四）网络辐射

教研活动结束后将“双活动展示制”教研活动的视频挂在网上，让一些因各种原因没到现场参与教研活动的教师，可以依托网络平台参与教研活动；让很多因各种原因没机会发言的教师，能依托网络平台发表自己的见解；让全区的体育教师依托网络平台进行深入的、后续性的互动交流。

三、过程：互动递进

2009年4月15日（三）

第一环节：理论培训。周三下午规定的全区小学体育教研活动时间，全区体育教师集中在本区的一所小学阶梯教室，作为教研员的我首先进行了一个简要的“小学《体育与健身》学科实施两纲教育基本途径与方法”的培训，让教师初步理解“两纲”教育的一些核心要素，以及了解小学《体育与健身》学科实施“两纲”教育基本途径与方法。最后重申了网上公告中提到的听课的关注点。

第二环节：观公开课。教师们带着刚学习的理论和听课要点观看陆一老师执教的三年级《体育与健身》公开课，主题内容为：1. 支撑与悬垂：爬墙手倒立（4-2）；2. 综合活动：勇敢者道路（2-2）。课的开始部分，陆老师指着墙上事先张贴的几张中国体操奥运冠军的图片，向学生介绍他们顽强拼搏，为国争光的事迹，引导孩子们进入“倒立”内容的学习环境。

“爬墙手倒立”教学中，陆老师注重培养学生间相互保护与帮助的意识和能力，通过倒立后前滚翻下的示范教授学生自我保护的技能……

在综合活动“勇敢者道路”教学中，陆老师引导学生利用现有的器材以小组为单位合作搭建“勇敢者道路”。比赛中只见学生们在老师的指导下从高垫上跳下后做着团身滚动的自我保护动作；在爬梯、过“独木桥”时两人一组互帮互助……

第三环节：观摩学校体育组校本教研活动。全组围绕研讨主题展开了热烈的头脑风暴和肢体切磋，在研讨爬墙手倒立的下法时，刘老师说“我认为下法是一个生命教育的实施点，陆老师在课中适时地进行了生命教育，培养了学生的自我保护意识，教会了学生自我保护的技能”。组内另一位教师：“我认为还有一种下法可以向学生推荐，那就是侧向下法”，边说边走向墙边示范了侧向下法的动作（评：很有学科特点的研讨）。大家为了探讨一个保护与帮助的动作，还当场回放了课的录像（评：发挥了信息技术的优势）。

第四环节：全体教师对“双活动展示”进行探讨。只见教师们抢着两个无线话筒纷纷要求发言，研讨氛围浓厚，其中几位教师的发言感受较深。

李老师：“我网上看了公告后就去搜集了一些有关‘两纲’教育的资料，听了冯老师的讲座，看了‘双活动展示’，我对‘两纲’教育有比较深的理解了。”

卫老师：“刚才的校本教研活动形式多样，互动频率高，其中动作技能的肢体交流很具体育学科特点，而录像的回放更是个相当不错的研讨创意。值得我们学习。”

许老师：“陆老师在课的导入、倒立教学的保护与帮助、倒立的下法、综合活动中的搬运器材、合作过障碍等教育点上，很好地实施了‘两纲’教育。希望在比赛规则遵守方面要强化诚信教育，守法意识应从遵守游戏规则开始培养。”

吕老师：“我们比较讨厌空谈理论的培训，而光看课又缺少理论支撑，今天的教研活动将培训与教研合为一体，理论与实践相结合，我们一线的体育老师很欢迎这样的形式。”

……

第五环节：网络后续教研。将公开课、校本教研的视频挂在网上，让没有参加常规教研的老师，让参加了常规教研活动没轮上发言的教师，通过网络平台进行互动；让全区体育教师进行深入的研讨。

网络的嫁接使教研活动跨越时空，我惊喜地发觉很多教师都在网上进行了探讨，其中尤以青年教师居多，一些不善言辞的教师也参与了网上研讨，一次教研活动由于形式的改变大大提高了参与率。

其中一些教师在网上与我交流时说出了他们的心里话。

杨老师：“冯老师，我因为课调不过来，没参加周三的教研活动，但网上的视频帮我弥补了一次遗憾，我在网上参与研讨噢！”

胡老师：“星期三本来我有很多话想说，但想发言的人太多，加上我又胆子比较小，没机会谈我的想法。这下可好，我可以在网上发表我的观点了，网络教研比较适合我。”

教研活动承办学校的体育组长：“这次活动，我们组的全体老师是收获最大的。以前组里老师开课，一般只有我和刘老师帮忙，其他老师一般不愿参与。‘双活动展示’带活了一个组，让我们人人参与，人人提高。”

过程流程图：

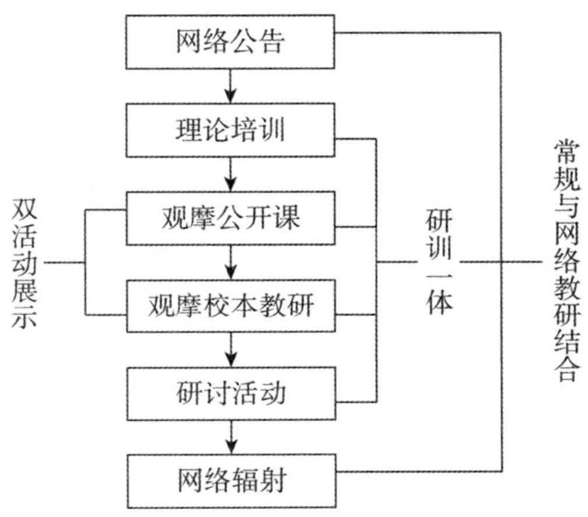

四、生成：升华实践

这次尝试取得了意想不到的收获，生成了很多思路：

1. 寻找到一种比较适合区情的教研活动形式。常规教研活动与网络教研活动有机结合，即时与延时的组合，大大提高了教研活动的参与率，提高了教研活动的有效性。

2. "双活动展示制"带动了一个组，激发了教研组所有成员研讨的积极性，头脑风暴加肢体切磋，回放课的录像进行微格分析研究等做法很有想法，很值得其他教研组学习借鉴。

3. 网上生成了"双活动展示制"的整套视频资料，以及公开课的教学计划等资源，只要加以坚持就会累积成为闵行区小学体育教学资源库。这些资源对于广大一线教师，特别是青年教师的教学是很有参考价值的。

4. 初步架构起了教研员与教师、教师与教师间网上互动的网络，使我更了解一线教师的真实想法和需求，有利于提高教研活动的针对性和有效性。

5. 随着教研形式的改变，教研工作的有效性不断提高，师资队伍水平不断提高，在市级以上各类教学比赛中成绩斐然：如在四年一度的上海市中青年教师教学评优活动中，已连续两届获一等奖（且均位列第一名），陆一老师还获全国一等奖。

<table>
<tr><th rowspan="2">项目</th><th colspan="3">全国</th><th colspan="3">市级</th></tr>
<tr><th>一等奖</th><th>二等奖</th><th>三等奖</th><th>一等奖</th><th>二等奖</th><th>三等奖</th></tr>
<tr><td>课堂教学评比（四年一届）</td><td>1</td><td>—</td><td>—</td><td>1</td><td>1</td><td>—</td></tr>
<tr><td>体育科研论文评比</td><td>1</td><td>—</td><td>4</td><td>3</td><td>16</td><td>12</td></tr>
<tr><td>"备课、说课、上课、评课"评比</td><td colspan="3" rowspan="3">不设奖项</td><td>5</td><td>—</td><td>—</td></tr>
<tr><td>教师、学生广播操比赛</td><td>2</td><td>—</td><td>—</td></tr>
<tr><td>教师队列队形比赛</td><td>1</td><td>—</td><td>—</td></tr>
</table>

五、启示：思考连线

每次区级教研活动后我都进行一些反思，这次尝试性的活动理所当然留下了诸多新思考。

1. 常规教研活动与网络教研活动各有优势，且很多方面是互补的。作为教研员要与时俱进，常规教研活动讲究质量的同时，充分利用当代科技带来的便捷。既然全区性的教研活动能够将常规教研与网络教研进行组合，那么片级的教研活动也可以将相关资源挂在网上，让其他片的教师共享和互动，从而放大教研效益，提高教研活动的有效性。

2. 年轻人是最容易接受新事物的，在后续的网络教研活动中青年教师成了主力军。对青年教师占大多数的闵行区来说，通过网络来激活教研，是今后研训工作新的增长点。

3. 在常规教研活动中，教师的参与情况直接与“240”学分挂钩，在网络教研的背景下，“十二五”培训的学分应如何计算？如教师进行网络教研活动该如何计算学分？值得有关部门加以研究。

4. 专家引领是提高教师专业水平的一个有效途径。常规教研活动中我们常常把专家请来开讲座，与教师进行互动。在网络教研的背景下，我们应该尝试请专家进入我们的城域网，经常性地对本区一线教师进行网上指导，和教师进行网上交流，搭建专家与本区教师互动的平台。

5. 随着“二期课改”的深入实施，在倡导“网络教研”的背景下，根据闵行区的区情，我对今后的教研活动有了一些思考，归结为 6 个结合：常规与网络结合，即时与延时结合，教研与培训结合，集中与分片结合，口头与肢体结合，个体与团体结合。

注：在 2010 年度上海市基础教育教研员专业发展评选活动中，本人荣获一等奖（总分第二名），作为参评案例此文刊登在《术业有专攻》上。

中小学体育校本学本开发的几点思考

一、校本学本开发的意义

《中共中央国务院关于深化教育改革全面推进素质教育的决定》明确提出："试行国家课程、地方课程和学校课程。"《基础教育课程改革纲要（试行）》中更明确规定："改变课程管理过于集中的状况，实行国家、地方和学校三级课程管理，增强课程对地方、学校及学生的适应性。"赋予学校合理的课程权，鼓励学校在遵循课程基本设计思想的前提下，结合实际，设计有特色的学校课程计划。重视校长、教师课程意识的培养，鼓励教师成为课程建设的参与者。形成校长、教师和学生积极创新与实践的课程管理和运行机制，提高学校的课程研究、设计、实施和评价能力。

许多中小学都有自己体育传统特色项目，或根据学校的办学思想和办学目标，学校的师资、场地情况创设体育特色项目。随着"二期课改"的进行，很多学校将已有的体育传统特色项目进行了课程开发，并在校本课程框架内开发对应的学本。

校本学本的开发有利于完善校本课程，有利于校本课程目标的达成，有利于提高参与编写校本学本教师的教师专业化发展水平，有利于学生的个性特长的培养，有利于终身体育意识和能力的形成。

二、校本学本的相关解释

（一）校本课程的定义

1. 课程

为实现学校教育目标而选择的教育内容的总和。它规定了培养目标、具体内容和实施的方法，并且有一套可以具体实施的策略以及恰当评价的方法。课程既包括学校所教各门学科，也包括有目的、有组织的社会实践活动和课外活动；不仅指这些教育活动内容本身，还包括对活动内容的安排、实施进程、期限等。

2. 校本课程

是指学校根据自己的教育哲学思想，为满足学生（与学校）的发展需要，以学校教师为主体开发出的与学校特点和条件相适应的课程。

（二）校本学本的定义

1. 教材

教材是教师和学生借以进行教学活动的材料，是教学的主要媒体。通常按照课程标准（或教学大纲）的规定，分学科门类和年级顺序编辑。包括文字教材（含教科书、讲义、讲授提纲、图表和教学参考书等）和视听教材（电影教材、电视教材、录音录像教材、原声教材等）多种形式。随着现代技术的发展，教材的载体也发生了很大变化，出现了电子课本、电子辅助教材等新的形式。

2. 校本学本

所谓校本学本，就是以校为本，根据自己学校的情况，校本课程目标和校本课程实施的需要，按照学生知识结构，依托校园周围的人文地理环境，组织教师编写的学习材料。

（三）课程与学本的关系

学本是校本课程的物化形式，教材反映课程设计的方案、目标和内容。

校本课程与学本在内涵上的主要区别在于前者是课程，后者是课程实施的媒介，二者在某种程度上体现着目的与手段的关系。

三、学本编写的原则

（一）科学性

编写的学本要遵循科学性原则，学习材料的内容、方法手段和结构排序等都必须科学。

（二）校本性

开发的学本必须符合本校的学生、师资、场地等实际。

（三）适切性

学本的培养目标、文本形式、内容深浅等要符合学生的年龄特征。

四、学本的类型

（一）校外引入

将外地或其他学校、其他单位开发的课程项目引入自己的学校，作为自己的学本。

（二）改编

1. 从外地、外校引入学习资料，然后根据自己学校的实际需要进行改造。

2. 对学校自己开发的原有学本进行与时俱进的修订。

（三）创编

根据学校的校本课程目标编写学本。

五、学本的结构

（一）课序式

根据学校的办学目标，将教学内容按照难易进行纵向排列，以单元、课的序列编排学本。

（二）板块式

按照内容分成若干板块编写学本。如手球的历史，手球的场地器具，手球的规则，手球的礼仪，手球的技能，手球的游戏等。

六、学本编写的要点

1. 根据校本课程培养目标制定校本学本编制纲要，整体设计学本的框架体系。

2. 从课程的角度进行梳理。需要明确以下几点：

（1）校本学本建设的背景；

（2）校本学本的三维课程目标；

（3）学本内容（包括内容的呈现方式、内容的框架结构。普遍存在的问题是把专业队训练的教材、大学的教科书内容直接移植过来）；

（4）课程的实施（多少课时，教学的具体形式和手段等）；

（5）确定是否编写教学参考；

（6）评价的设想和做法。

3. 聘请专家对学本编制纲要、学本初稿进行审定和论证。

4. 组织人员进行分工，搜集素材进行编写。

5. 对试行学本进行实践、修改、论证和完善，最终形成校本学本。

科研篇：提升体育教师内涵品质的助推剂

篇首语

教学要以科研做引领，科研则以教学为对象，是不可分割的。关键是不能将体育科研功利化，一线体育教师要发挥自身优势，多进行一些实证性的研究，要认真研究自己在体育教学中的新问题、真问题，在体育科研中促进自己的内涵发展。本篇中收录的几篇论文是我从自己撰写的众多文章中挑选出来的，从我现在的眼光看还有很多不足，但却较好地体现出“新、深、实”三个关键词。

中小学体育教师撰写科研论文的基本要点

一、科研论文的实质

对于中小学体育教师而言，进行教育课题研究、撰写论本文，必须注重三个关键词，即：新、深、实。

所谓“新”，就是说你写的这篇论文必须要有创新点，这个新体现在要么是别人没有涉及的研究领域，要么是尽管有人已经研究过了，但你的研究角度不一样或者比别人更有深度。因为探索未知，具有前瞻性是教育科研的实质。比如曾经在全国学校体育科报会获得过论文一等奖的“小学《体育与健身》器械项目教学的现状与对策”“运用思维导图进行板块式课堂教学设计”这两篇论文，在当时来说是具有创新点的。可以这么说，有没有创新点是能否获奖、获得高等第的关键所在。

所谓“深”：就是对研究的深度、角度而言。对基层一线体育教师而言，所研究的课题一般都不会是很大的课题，而是一些相对小的课题，这类课题的研究宜切口小，有深度。比如，在推进“小学体育兴趣化”背景下，选择运用器材激趣的选题；学业评价的评价工具研发；信息化背景下某一类教材教学中适宜的运动负荷研究等。

所谓“实”：就是对基层教师来说，所研究的课题主要是来自平时体育教学、体育课外活动、运动队训练和各类竞赛等过程中的问题，由问题提炼出的课题。体育教师平时课时量大，没有过多的时间去研究理论性为主的课题，而他们的优势是拥有大量的实践操作素材和经验，实证性的研究是广大体育教师的优势所在和研究主要方向。如对一些“难度教材”的教学研究就很有价值。

二、课题的来源

从我这些年从事学校体育科研的经验来看，课题的来源主要有以下几个方面：

1. 从已有的成功经验中寻找生长点。如普陀区教学在跳跃教材研究上有很多经验；金山区教学借助于区域性的传统民间文化传统开展的民间体育的资源等，都是可以从中寻找研究点。

2. 从面临的突出问题中寻找突破点。如校园体育运动安全、学生体质下降、器械类教学、职初教师的专业成长等，都是当下中小学体育所面临的一些很突出的问题，我们可以从中选择研究课题。

3. 从教育发展的大趋势中寻找挂钩点。如“小学体育兴趣化、初中体育多样化、高中体育专项化”体育课程改革、网络教研等，由于是改革和新事物，在推进过程中一定有非常丰富的研究资源。

4. 从特有的资源优势中寻找固着点。如从学校体育传统特色项目、特色校本课程中形成课题。

5. 从教育理论中寻找支撑点。

6. 从各类全国、市、区课题指南中选择。比如每届全国学生运动会科学论文报告会的选题指南、上海市学校体育课题指南等。

总之，作为体育教师要有敏锐的体育科研嗅觉，及时抓住学校体育改革发展过程中的热点、难点问题，通过筛选形成研究课题。在问题上升为课题中要进行认真的专业判断，你所要选择的课题是否有研究价值？如果有研究价值，你是否力所能及？要避免因为没有在选题前进行广泛的文献搜索，造成无价值的重复研究；同时要注意研究指向必须突出，克服面面俱到的浅层研究。

三、形　式

撰写各类研究报告时，都有一个基本的形式，都要求做到基本的规范。

（一）调查报告

1. 问题的提出（研究背景、目的、意义及主要内容）。

2. 调查的方法和对象（对象、方法、时间、内容。抽样方法：单纯随机抽样，等距抽样法，分类抽样法，多级抽样法，整体抽样法，有意抽样法）。

3. 调查结果与分析（表格、文字描述）。

4. 讨论与思考（对策）。

要写好调查报告，其中结果、对策是重点。

常见问题：调查的点针对性不强；调查内容、结果、结论、对策不一致；调查样本存在问题等。

（二）实验性论文

在实验法的研究中，方法、工具、量表、手段等很重要，尤其是实验对象的选择，几个变量处理必须非常规范。

1. 实验组、对照组的选取。

2. 自变量（实验变量）：是实验前假定存在的因果联系中的原因变量。

3. 因变量（效果变量、反应变量）：是实验前假定存在的实验效应。

4. 无关变量：是影响因变量，但并非自变量、因变量的一切变量。

在表述形式中，成功地操纵自变量；有效地控制无关变量；科学地观测因变量（表述统计：平均数等、图表；推断统计：检验），这些都是关键。

由于教育的问题不像在实验室里所做的研究，很难控制无关变量，所以基层教师慎用实验法，但用得规范的话，此类论文在全国学生运动会科学论文报告会上中奖率又最高。

常见的问题是：无关变量没有效控制；缺少前测；缺少检测等，这些都是不科学、不规范的。广大基层体育教师必须避免出现这类错误。

（三）经验总结

经验总结一类的研究比较适合一线的体育教师，他是通过总结提出验证，是从具体到一般，感性到理性这样一种形式进行的研究。

常见问题：没有上升为理性思考。做了很多工作但没有上升为理论的话，只是一份工作总结。

（四）专题研究论文

常常是以团队进行的研究，如贯彻《关于加强青少年体育增强青少年体质的意见》（中发〔2007〕7 号）文件的研究（阳光体育）、校本课程等，这类论文论据必须可靠，论点鲜明。

常见问题：缺少实施过程，直接给出结果和结论。

除此之外，还有诸如文献综述性论文，这类论文要避免堆积文献，仅仅描述文献。

四、规　范

尽管论文的撰写形式没有千篇一律的规定模式，但论文的规范是永远不变的，各项论文评比也有各自的规定。如全国学生运动会科学论文报告会规定文字不得超 5000 字，摘要 600 字，作者不超过 5 名等。

（一）题目

论文（课题）的题目很重要，好的题目读者一看就知道你研究什么。一个好的论文题目最关键的是要做到“恰如其分”。如果不行就宁可“小题大做”，把小题研究深，如果是大课题也可分成若干子课题进行研究，或加副标题。用词越朴实越好。确定论文的题目要注意以下三点：

1. 题目内容要讲究科学性；

2. 表达清楚准确，没有歧义；

3. 避免出现两个不相干的主题，如《体育教学中“示范”的有效性依据与学生“问题意识”培养研究》。

论文（课题）的题目一般包括：对象、领域、研究方法。如：一年级小学生　跳跃能力　培养的　实验研究。

总之，论文（课题）的题目要做到科学、规范、艺术、简洁。

常见问题：太文学性；太长；题文不一致。

（二）摘要

论文的摘要字数有规定，一般不超过 600 字。摘要表述关键要做到“精雕细琢”，因为它是整篇文章的概括，能体现主要见解、研究成果。一般包括：为什么要研究这个课题？清楚表述逻辑过程、结论、建议。

（三）前言（引言、问题的提出、研究背景）

前言，有时也表述为引言、问题的提出、研究背景，这里以实证性论文为例：

前言部分最关键的是做到“引人入胜”。要有吸引力，新奇、有意思。就如同小说书的前言，一看就被吸引住，迫不及待地想要看下去一样，切忌平铺直叙。要找到热点、焦点、难点，或有什么误区等问题。

前言部分主要回答为什么要进行本课题的研究，假如文字不多的话就写一段不要分段。内容主要包括背景、意义价值（从层次、角度上考虑，凸显研究价值）、目标，即研究那些问题。其中背景有：宏观背景、中观背景和微观背景介绍。假如，中观背景是体育学科改革现状介绍，素质教育对体育学科的要求，“二期课改”对体育学科的要求等；那微观背景则如本区学科改革现状介绍，体现区域体育联合教研、网络教研、质量监控背景等。意义价值则要从研究层次、角度上考虑，体现历史意义、现实意义，凸显研究价值。

总之，前言部分要回答：为什么要做？

常见问题：刻意贬低以前的做法；研究价值不够凸显。

（四）研究方法

这一部分一定要交代清楚，并且可以重复。一般要交代具体的方法、对象，而理论性的文章不需要交代方法。

这部分一般可以包括研究对象、研究时间、有关概念的界定、研究目标、研究内容、具体的研究方法、研究过程等。这里要特别注意以下几点：

1. 有关概念的界定

（1）查阅文献，引用现有的、公认的概念；或在此基础上把概念的外延加以缩小、限定；

（2）自己界定，自圆其说。

2. 研究目标

研究目标一般分两个层次：宏观目标和具体目标。

在这里特别要注意区分研究目标与工作目标的差异，很多体育教师常常把研究目标写成工作目标。

如：（1）使各层次学生的爱国主义情感得到较好的培养；

（2）使广大教师较好地掌握在爱国主义教育中针对学生不同基础和特点开展教育活动的方法。

可改为：

探索在初级中学学生中进爱国主义情感教育时，针对学生不同的基础和特点，有区别、分层次地开展教育活动的途径、方法。

3. 研究内容

抓住课题的核心概念，分化、细化核心概念。一般有现状调查、内容的研究、策略和方法与途径的研究、有关课题的评价研究等。

4. 具体研究方法

不要笼统写几个方法，而要根据具体研究阶段选择针对性的方法。如：

（1）准备阶段，一般采用文献研究、调查法、观察法、个别访谈、座谈等。

（2）实施阶段，一般采用行动研究法、实践反思法、个案研究等。

（3）总结阶段，一般采用经验总结法、数理统计等。

理论性的文章不需要交代方法。

5. 研究过程

研究过程是研究报告不可或缺的一个重要部分。你要告诉别人是怎么做的。如“小学体育兴趣化”“初中体育多样化”的研究你是如何实施研究的；假如在研究中采用访谈法，那么必须交代访谈了多少人？层次是教师、校长？访谈什么？访谈的问题列出，访谈的结果等。

研究方法这部分要回答：做了什么？（怎么做）

常见问题：研究目标与工作目标混为一谈；缺少必要的概念的界定；研究过程缺失；有结果性的语言。

（五）研究结果（与分析）

这部分要呈现研究的结果，分析因果关系，把量化的图表、统计检验的结果（如 T 检验）、定性的描述亮出，做到图文并茂、定性定量结合，立体呈现研究结果，分析正反两方面，但不要有结论性的东西。

也有一些质量高的文章常常把结果与分析分开表述。

研究结果这部分要回答：做了以后发生了什么变化。

（六）讨论与分析

这部分要注意不要进行常识性的描述。主要讨论分析为什么产生这样的结果而不是那样的结果，要有理论支撑，体现出很强的理论性。

常见问题：有结论性的东西；缺少定性定量的研究结果；分析不客观；与研究的内容不匹配。

（七）结论与建议

结论是对结果分析基础上做出的，结果与结论要相对应，是对研究结果高度的概括。表述结论要注意：是什么就是什么，不要说理由。建议要与研究问题相关。

结论必须是客观真实，鲜明集中，简单明确。

常见问题：不客观；不简洁。

（八）附录

1. 参考文献

参考文献要注意以下五点：

（1）量多：至少 20 篇，以体现很多的阅读量和研究基础；

（2）新鲜：参考文献越新越好；

（3）权威：要有权威性（档次高，论著）的参考文献；

（4）规范：格式规范；

（5）相关：要与文章相关。

2. 附件

可将一些与本研究相关的调查问卷、评价工具量表放在附件里，由于涉及知识产权，所以不可轻视。

小学《体育与健身》器械项目教学的现状与对策

一、问题的提出

青少年儿童健康水平的明显下降绝不是一个偶然的现象，它是由多种因素交织在一起，并直接、间接地影响学校体育教育而形成的必然结果。其中，对体育安全教育的曲解和异化，导致在小学体育教学中很多教师不敢上器械项目的教材，严重影响了学生的力量、协调性、灵敏性等能力和勇敢顽强精神的提高及培养，这也是其中的一个主要原因之一。很多孩子的体育基本活动能力不强，更不懂得自我保护，稍不小心摔跤了就常常会造成骨折等伤害事故。而体育教师越怕上器械项目的教材—学生的体育基本活动能力、自我保护能力越差—更怕上器械项目的教材的内容—学生此方面的能力越差，从而形成一个可怕的恶性循环。

器械项目（本研究限定在器械体操、器械攀爬范围之内）的教学对于提高学生的力量、协调性、灵活性和勇敢精神是十分重要的，但受各种因素的干扰，目前器械项目的教学存在着较大的问题，为更好地实施器械项目的教学，有效提高小学生的力量、协调性、灵敏性等能力，增强小学生的体质，培养勇敢顽强精神，特进行本项调查与研究。

二、研究方法

1. 问卷调查，利用全区性的体育教师研训活动的机会，对到会的 51 所小学的体育教师采用无记名的方法，进行了“关于小学《体育与健身》器械项目教学情况的问卷”调查，发放问卷 51 份，当场回收 51 份，回收率和有效率均为 100%。

2. 专题调研，深入各学校体育教研组与教师进行座谈，了解体育器械的配置情况以及器械项目教学情况。

3. 实地考察，深入各学校操场、器材室和仓库查看器械的安装、使用情况。

我们将问卷调查、专题调研和实地考察的材料，进行数理统计、比较分析和理性思考来导出研究结果。

三、结果与分析

（一）关于相关器材的配备

表 1　本区 51 所小学器械项目教学器材配备（或安装）情况表

	“山羊”	跳箱	肋木	单杠	双杠	云梯组合架	爬竿组合架
配备（或安装）相关体育器材的学校数	38	34	37	28	25	25	26
所占百分比（%）	74.51	66.67	72.55	54.90	49.02	49.02	50.98

从表 1 可见，被调查的 51 所小学用于器械体操、器械攀爬教学的器材配备率（安装率）都很低。我们从专题调研和实地考察了解到，很多学校以上这些器材都是配备的（或曾经配备的）。目前器材配备率（安装率）低的原因主要有两方面，其一是器材损坏后不去申请配备新的；其二是配备的器材堆放在仓库里或操场边不安装。如我们到一所学校的仓库进行考察，在一个角落里发现一套生锈的爬竿组合架和脏兮兮的跳箱。体育教研组长解释说：“不安装或不使用这些器材的主要原因是怕出伤害事故。”从我们实地考察了解到有类似情况的学校为数不少，很值得我们从深层次进行反思。

（二）“山羊”、跳箱教材教学情况

表 2　本区小学“山羊”、跳箱教材教学情况表

	按教材进行教学	很少进行教学	从不进行教学
学校数（51）	7	24	20
所占百分比（%）	13.73	47.06	39.22

表 3　不进行或很少进行“山羊”、跳箱教学的归因统计表

	怕出伤害事故	怕麻烦	没有器材
学校数（44）	27	5	12
所占百分比（%）	61.36	11.36	27.27

从表 2 和表 3 可见，绝大部分学校从不进行“山羊”、跳箱教学或很少进行“山羊”、跳箱教学，其主要原因是怕出伤害事故。

目前，学生没有购买相关的“安全保险”，体育教学中一旦发生伤害事故，学校一方往往处于弱势地位。“多一事不如少一事”的普遍想法是造成“山羊”、跳箱教学目前状况的最根本原因。

（三）单杠、双杠教材教学情况

表 4　本区小学单杠、双杠教材教学情况表

	按教材进行教学	很少进行教学	从不进行教学
学校数（51）	8	16	27
所占百分比（%）	15.69	31.37	52.94

表 5　不进行或很少进行单杠、双杠教学的归因统计表

	怕出伤害事故	怕麻烦	没有器材	不是规定考试项目
学校数（43）	14	2	20	7
所占百分比（%）	32.56	4.65	46.51	16.28

从表 4 和表 5 可见，31.37% 的学校很少进行单、双杠的教学，52.94% 的学校甚至从不进行单、双杠的教学。除了怕出伤害事故（因为怕出伤害事故而不去配备、安装器材也应归在其中）这一主要原因外，因为不是规定的考试项目所以就不进行单、双杠的教学也占 16.28%，也是值得业务主管部门引起注意的。

（四）攀爬肋木、云梯教学的情况

表 6　本区小学肋木、云梯教材教学情况表

	按教材进行教学	很少进行教学	从不进行教学
学校数（51）	7	14	30
所占百分比（%）	13.73	27.45	58.82

表 7　不进行或很少进行肋木、云梯教学的归因统计表

	怕出伤害事故	怕麻烦	没有器材	不是规定考试项目
学校数（44）	9	3	28	4
所占百分比（%）	20.45	6.82	63.64	9.09

从表 6 和表 7 的情况看，基本与单、双杠的情况相类似。如我们深入某学校进行实地考察，在操场的一角我们发现了未安装的肋木和云梯，据该校的体育教师反映，这些器材已配备学校好几年了，一直没有安装。

而在另外一所学校的操场上我们发现二年级的学生正在上体育课，内容正是攀爬肋木。课后我们同执教老师进行了交谈，问："你认为攀爬肋木对发展学生的协调性、灵敏性和对自然的适应能力有帮助吗？你上这个教材有顾虑吗？"执教老师答："这个内容对学生的各方面的锻炼价值很高，所以我才坚持上这个教材。但说实在的我每次上器材类的内容都心里比较紧张，就怕出事！"可见，即使有些教师在上器械项目的内容，还是心存顾虑的。

（五）爬杆教学的情况

表 8　本区小学爬杆教材教学情况表

	按教材进行教学	很少进行教学	从不进行教学
学校数（51）	6	15	30
所占百分比（%）	11.76	29.41	58.82

表 9　不进行或很少进行爬杆教学的归因统计表

	怕出伤害事故	怕麻烦	没有器材	不是规定考试项目
学校数（45）	16	1	25	3
所占百分比（%）	35.56	2.22	55.56	6.67

爬杆在 20 世纪 80 年代曾是每个小学生都必须进行练习的，而目前这一锻炼价值很高的项目却淡出校园、淡出体育课堂。很多学校都没有爬杆架，学生会爬杆的寥寥无几。除了不再是体育必考项目的缘故外，安全因素依然是最主要的原因。

（六）关于器械项目教学的必要性

表 10　关于器械项目教学的必要性的统计表

	很必要	较必要	无所谓	不必要
学校数（51）	20	24	5	2
所占百分比	39.22	47.06	9.80	3.92

随着全国、上海市学校体育工作会议的相继召开，随着中共中央政治局有关“加强青少年体育工作和网络文化建设”会议的召开，全社会对学校体育工作的重视程度达到了空前，对增强青少年体质重要性的认识也有了质的飞跃。其中，中小学体育教师对增强青少年体质重要性的认识又有了新的提高。在对 51 所小学体育教师的调查中，39.22% 的学校认为在体育教学中进行器械项目的教学很有必要，47.06% 的学校认为较有必要。他们都对目前的器械项目的教学状况表示担忧，希望从根本上转变这一状况。从中体现出了广大体育教师很高的责任感和事业心。

四、结　论

1. 由于怕发生伤害事故，很多学校器材损坏后不去申请配备新的，或将配备的器材堆放在仓库里不安装。致使本区小学用于器械体操、器械攀爬教学的器材配备率（安装率）都很低。

2. 本区小学《体育与健身》器械项目（器械体操、器械攀爬）教学的现状堪忧。由于怕发生伤害事故，大部分学校从不进行“山羊”、跳箱、单杠、双杠和器械攀爬类项目的教学或很少进行这类项目的教学。

3. 广大体育教师对于器械体操、器械攀爬教学必要性的认识逐渐提高，他们希望改变现状，以此来提高小学生的协调性、灵敏性和对自然的适应能力，增强他们的体质。

五、对策和建议

1. 建议出台更加细化的有关学校体育教学中的安全保障法规条例，进一步明确学校的权利与义务，在保障学生的利益的同时，学校的利益也能得到保障，从而使学校正常的器械体操、器械攀爬教学得以实施。

2. 建议根据当前的形势需要和上海建设国际大都市的标准，制定新的中小学体育场地器材必配标准，从根本上满足中小学进行器械项目教学和活动的需求。

3. 为解决学校对体育教育中安全问题的顾虑，建议推行为学校青少年儿童购买“安全保险”的举措。

4. 有选择地在小学中高年级中，将一些跳“山羊”、爬杆等项目列为必考项目，以推动器械项目的教学。

5. 在《体育与健身》课程中渗透生命教育，组织进行体育教学中实施生命教育的公开课教学；开展各个层面的生命教育专题研讨活动。

6. 加强对体育教师教育教学基本功的培训，强化在器械项目教学中的安全意识，提高师生在器械项目教学中的保护和自我保护能力。

7. 建议教育主管部门、督导部门定期进行有关中小学体育场地器材配备及使用的专项督导，并将督导的情况与学校办学水平考核挂钩。

参考文献：

[1] 刘善言. 学校体育学[M]. 济南：山东大学出版社，2001.

[2] 上海市教育委员会. 上海市中小学体育与健身课程标准(试行稿)[P]. 上海教育出版社，2004.

[3] 罗楚春. 生命教育的研究与探索[J]. 中国教育学刊，2004(12).

注：此文获第二届上海市学校体育科学论文评选活动一等奖，在中华人民共和国第十届中运会科学论文报告会暨第五届中国学校体育科学大会上被评为一等奖。

上海市小学体育场地现状与学校体育发展的研究

一、前　言

随着基础教育的快速发展，"二期课改"的推进，人民生活水平的不断提高，广大市民对优质教育的需求越来越迫切，也更加关注本市学龄儿童的身体健康。

现代化国际大都市的定位，广大市民对优质教育的迫切追求，都呼唤着一流教育，而一流教育需要一流的学校体育和与之相匹配的学校体育硬件设施。小学体育场地是进行体育教学、开展体育活动和发展学生身体素质的重要场所，在学校体育中起着物质载体的作用。为实现基础教育的内涵发展和可持续发展，实现学校体育与社会、经济协调发展，推动小学体育场地的改善，促进学校体育发展，有效提高学龄儿童的身体素质，我们着手进行了本课题的研究。

二、研究概况

研究目标：通过对上海市小学体育场地设施的现状与学校体育发展的研究，探索上海在建设国际大都市过程中配置与之相适应的小学体育场地设施，以适宜的小学体育"硬件"，确保学龄儿童锻炼所需的有效方法和途径，从而有效提高学龄儿童的基本活动能力，使其健康成长，为上海市学校体育工作的内涵发展和可持续发展献言献策。

研究时间：2003 年 6 月 ~ 2004 年 5 月。

研究对象：静安、普陀、闵行、浦东新区、宝山、奉贤六个区的 299 所学校；47 所"二期课改"研究基地小学的体育场地情况。抽取这两个样本，研究全市小学体育场地的情况。

研究方法：

1. 文献研究法：查阅了大量国内外有关小学体育场地的文献资料。

2. 调查法：

（1）问卷：设计了上海市小学体育场地设施情况调查表，通过各区教研员、各课改基地小学体育教研组长对静安区、普陀区、闵行区、浦东新区、宝山区、奉贤区6个区的所有小学及50所课改基地小学进行了问卷调查，实际回收的有效问卷：6个区中共299所小学，全市47所课改基地小学。

（2）实地考察：有针对性地深入市中心、市郊接合部和郊区的一些学校进行实地考察，掌握第一手资料。

（3）座谈：结合实地考察和新教材调研，同所在学校的领导和教师座谈，了解体育场地设施情况。

3. 数理统计法：对搜集的各种数据、资料进行统计和理性分析。

三、研究结果与分析

（一）生均占有体育活动场地

2003年8月对静安区、普陀区、闵行区、浦东新区、宝山区、奉贤区6个区（以下简称6区）共299所小学的体育场地以及47所课改基地小学（以下简称基地校）的体育场地进行了调查，总体情况见表1和表2：在学生人均占有体育活动场地上，6区的生均占有值为6.87平方米/人，高于基地校的5.10平方米/人，高出1.77平方米/人。比较6区的情况发现，静安区、奉贤区、浦东新区的生均值比较低，而普陀区、宝山区、闵行区的均值比较高。

表1　上海市6个区小学生人均占有体育活动场地情况表

学校数	学生数	室外场地						室内场地		游泳池		总计	
		田径场		球场		合计							
299	215086	平方米	平方米/人	平方米	平方米/人	平方米	平方米/人	平方米	平方米/人	平方米	平方米/人	平方米	平方米/人
		1212664	5.64	237430	1.10	1450094	6.74	27424	0.13	400	0.00	1477918	6.87

表 2　上海市课改基地学校人均占有体育活动场地情况表

<table>
<tr><th rowspan="3">学校数</th><th rowspan="3">学生数</th><th colspan="6">室外场地</th><th colspan="2" rowspan="2">室内场地</th><th colspan="2" rowspan="2">游泳池</th><th colspan="2" rowspan="2">总计</th></tr>
<tr><th colspan="2">田径场</th><th colspan="2">球场</th><th colspan="2">合计</th></tr>
<tr><th>平方米</th><th>平方米/人</th><th>平方米</th><th>平方米/人</th><th>平方米</th><th>平方米/人</th><th>平方米</th><th>平方米/人</th><th>平方米</th><th>平方米/人</th><th>平方米</th><th>平方米/人</th></tr>
<tr><td>47</td><td>47444</td><td>189680</td><td>4.00</td><td>38350</td><td>0.81</td><td>228030</td><td>4.81</td><td>9713</td><td>0.20</td><td>1200</td><td>0.03</td><td>242083</td><td>5.10</td></tr>
</table>

分析：静安区地处市中心，土地资源匮乏、空间狭小是造成这一状况的历史原因，而奉贤、浦东两区原先农村学校（配备标准低）比较多，是造成学生人均占有活动场地少的主要原因。普陀、宝山、闵行三区都是老工业区，地域空间比静安区大得多，加之原有的场地配备标准优于奉贤、浦东两区中的许多农村小学。因此，调查的数据总体来说是反映出了这 6 个区的小学体育场地现状。基地学校生均面积低于 6 区，为基地校学生数普遍高于 6 区学校的学生数所致。基地学校班均体育活动场地为 199.41 平方米，只相当于 0.4 个篮球场。无论从生均面积还是班均面积来看，本市的生均体育场地面积都与上海所定位的优质教育、国际大都市的基础教育不相匹配。

（二）室外体育场地面积

根据上海市小学体育室外活动场地标准（表 3），我们将 47 所课改基地学校场地情况与之比较。从表 4 可见，目前在进行新教材试点的 47 所小学场地面积的达标率只有 63.83%；班均体育活动场地为 187.84 平方米，只相当于 0.37 个篮球场。与上海所定位的优质教育、国际大都市的教育尚有不小的差距，不利于新教材更高效地实施。

表 3　上海市小学体育室外活动场地标准

<table>
<tr><th rowspan="2">面积（平方米）／班级数／类别</th><th colspan="4">完全小学</th></tr>
<tr><th>24 及以上</th><th>13～23</th><th>7～12</th><th>6</th></tr>
<tr><td>中心旧城区</td><td>1920</td><td>1415</td><td>0</td><td>0</td></tr>
<tr><td>中心新城区及郊县</td><td>5894</td><td>5744</td><td>3820</td><td>2006</td></tr>
</table>

表 4　上海市 47 所课改基地小学室外场地达标情况表

类别	学校数	达标	不达标	达标率
中心旧城区	25	16	9	64.00%
中心新城区及郊县	22	14	8	63.64%
总计	47	30	17	63.83%

（三）跑道

“走与跑”是学校体育活动中最基础的项目。在小学体育学科装备标准中规定：18 个班以上学校宜设 200 米环跑道（含 60 米直跑道），12 个班的学校设不小于 167 米环跑道。从对 47 所课改基地小学和 6 区的情况看（表 5 和表 6），课改基地小学达标率只占 65.96%，而有跑道的学校占学校总数的比例分别为 91.49%、89.97%。

表 5　上海市 47 所课改基地小学跑道配备情况表

学校数	达标		不达标		无跑道		有跑道率
47	N	%	N	%	N	%	%
	31	65.96	12	25.53	4	8.51	91.49

表 6　上海市 6 区小学跑道配备情况表

学校数	有跑道		无跑道	
299	N	%	N	%
	269	89.97	30	10.03

《体育与健身》新教材将在 2004 年 9 月在全市各小学起始年级实施，新教材基本活动中跑的内容占总课时的比重相当高；正在 50% 学校推行的《学生体质健康标准》，其中 50 米跑和 50 米 ×8 往返跑两项地测试，需要 50 米直道为硬件，而目前全市小学的跑道拥有情况还不能完全与之相适应，尚存在一些差距。

随着政府对基础教育投入的加大，很多学校的跑道都由煤渣跑道改建为塑胶，尤其是新建学校。如闵行区近两年来先后有 24 所小学建起了塑胶环形田径场，占全区小学总数的 82.76%，今后还将逐步使所有公办学校具备塑胶环形田径场。这大大提高了跑道的质量，有利于学生更好地开展体育活动。

（四）室内体育场地

上海地处江南，是一个多雨的城市，据上海地区的气象统计资料记载，雨天包括阴有时有雨和梅雨季节占三分之一。因此，小学体育学科装备标准规定，小学要配备使用面积不小于 360 平方米的室内活动室（农村小学不小于 64 平方米）。

目前上海市的小学室内体育活动场地情况如下：

表 7　上海市 6 区小学室内体育活动场地情况表

学校数	有室内场地		无室内场地		室内场地总面积（平方米）	校均值（平方米）
	N	%	N	%		
299	130	43.48	169	56.52	27424	91.72

表 8　上海市 47 所课改基地小学室内体育活动场地情况表

学校数	有室内场地		无室内场地		室内场地总面积（平方米）	校均值（平方米）
	N	%	N	%		
47	31	65.96	16	34.04	9713	206.66

从表 7、表 8 可见，6 区中无室内体育场地的学校多达 169 所，占被调查学校总数（299）的 56.52%；基地校情况总体好于 6 区学校，但仍有 16 所小学无室内场地，占 34.04%。广大体育教师普遍感到，雨天的课很难上，过小的室内活动空间，不能满足学生“动体”的渴求。而此时教师除了在教室内上基础知识课外，只能让学生在教室里下棋、打牌或飞镖、看图书等，逢梅雨季节更是如此。

根据上海市的气候特征，按目前本市小学室内体育活动场地的配备现状，雨天的体育教学质量受到严重影响，十分不利于小学生的身体健康成长。

（五）体育场地的使用效益

目前，上海市小学体育教师的周课时普遍很多，一般都在 18 节左右。从被考察学校的课程总表中发现一个普遍存在的问题，即很多学校在排课时，首先考虑的是语、数、外学科，而体育课都安排在第 3 节至第 7 节之间，上午第一、第二节课操场往往都空闲着。我们对某区的 27 所小学进行了相关的调查（见表 9），上午第一、二节排课的学校分别只占 14.81%、37.03%。

表9　某区27所小学体育课排课情况表

	上午				下午		
	一	二	三	四	五	六	七
排课率	14.81	37.03	100.00	100.00	100.00	100.00	88.89

另外，为了安排体育教师满负荷的体育课时，各校教导处在排课时往往只能在同一节课中安排多个班的体育课，甚至体育室的教师倾巢而出，造成学生人均活动场地严重不足，各班之间相互干扰，更严重影响了体育教学质量，并存在着一定的安全隐患。为此，我们走访了一些小学。

场景之一

小眼睛的专注有这么难?

某天下午课题组成员走进一所位于市中心城区的小学。这所学校的室外体育活动场地面积只有2个多一点篮球场这么大，全校学生1400多人，生均体育活动场地只有0.82平方米/人，体育活动空间极小。只见操场上4个班级正在同时上体育课，一些低年级的学生思想老是不集中，小眼睛总是朝着旁边高年级学生(在做游戏)看，而高年级学生却因场地有限的原因只能做一些以原地活动为主的活动……

场景之二

小朋友与小草谁更重要?

某天上午第四节课，课题组成员到访地处市郊接合部的一所小学。只见该校拥有一个250米的塑胶环形跑道，跑道中间有一铺有天然草皮的足球场，田径场旁边还有一个篮球场，室外场地总面积7340平方米(在全市小学中算场地条件属中等偏上)。操场上4个班级正在上课，其中三个班级在跑道上上课，一个班级在篮球场上活动。中间偌大一个足球场却空荡荡无一人在上面活动。走近一看，只见草坪上竖着几块牌子：小草正在睡觉，请勿打扰(养草期间不得入内)。

课后，体育教师组长说："平时我们上课操场上可同时容纳4个班，可天一下雨就要等至少一两天才能使用足球场(保护草坪)，加上每年足球场草坪的养草期较长，所以我们经常像今天这么上课。

以上两个场景是比较典型的，在全市类似的情况很普遍。由于排课、场地设施等方面的不合理，使原本就十分有限的体育活动场地更显不足。随着2004年9月新教材在全市各小学推开，体育课由原来的每周两节增至三节，体育活动场地不足的矛盾必将更为突出。

四、结　论

1. 上海市小学体育活动场地面积的达标率不高，只有 63.83%。学校体育活动空间的不足容易引发伤害事故，直接制约学生身体生长，也与国际大都市的教育定位不相称。

2. 目前本市小学生的生均占有体育活动场地情况各区差异较大。市中心及原郊区的生均占有面积较低，而处于两者之间的城乡接合部的区情况相对较好。

3. 随着教育投入的加大，学校的体育场地质量有很显著的提高，很多小学都建有塑胶场地，田径跑道数量也有所提高（90% 左右），但仍有近 10% 的小学无跑道，这对于新教材和《学生体质健康标准》的全面实施要求存在着明显落差。

4. 上海是个多雨的城市，目前小学室内体育场地严重缺乏，雨天体育课效率极低，这对学生的健康成长十分不利。

5. 本市小学体育场地利用的效益不高，尚有提高空间，如科学合理的排课、草坪足球场的使用率等。

随着新教材在全市各小学推荐的临近（体育周课时由“一期课改”的每周两节增至每周三节），体育课中学生人均占有体育场地空间率将会明显下降，怎样有效地提高体育场地的使用率，确保学生的锻炼需求和安全？是有关学校和教师必须认真研究加以解决的问题。

五、建　议

为切实落实“健康第一”的思想，有效提高学生的身体素质，尽快使上海市中小学体育场地设施与创建国际大都市的定位相适应，根据目前中小学体育场地设施的现状，提出以下几点建议：

1. 市有关部门应从国际化大都市的定位出发，制定新的上海市中小学体育硬件设施标准，并有相应的保障机制与之配套，使之纳入法治化的轨道，从根本上解决上海市中小学体育场地设施配置标准不高的问题。

2. 在新建学校或市中心城区学校兼并时，要通过高标准的规划或置换来实现体育场地的达标，应将体育场地特别是室内场地的合理配置作为优先（重要）考虑的项目。

3. “走与跑”是小学生基本活动能力中的基础健身内容，在具体教学和锻炼活动中，跑道是最基本的、必配的体育场地设施，为确保新教材和《学生体质健康标准》的顺利推行，新建学校必须按国际化大都市的基础教育标准配备规定距离的跑道。

4. 在小学体育场地资源仍十分有限的情况下，足球场草皮的草要选择耐踏的品种，尽可能减少养草时间；采用人造草皮，一定要铺设水管定期洒水，确保人造草皮一定的湿度，以充分发挥操场的效益，真正体现“以学生发展为本”的教育理念，让操场真正成为学生体育活动的乐园。

5. 学校体育课的“排课”，应科学、合理和高效。根据小学生的身心发展规律和认知特点，语数外学科尽可能不要连着排课，连着上语数外学生容易产生疲劳，降低学习效率，而应在这些学科的两课中间插排体育课，动静结合有利于学生更好地学习和健康生长。

6. 应将草场空间合理、高效地加以利用，建议像专用教室或电脑房那样安排操场，尽可能使每一节课操场上都有学生在活动（包括上午第一、二节课），充分发挥场地设施的效益；同一节课中尽可能不要安排 4 个班级以上的学生在场地上上体育课（以每班 40 人，场地面积在 4500 平方米为例），使全市在校小学生拥有一个宽敞、安全的体育活动场地，以确保新教材的有效实施。

附录

附件一：上海市（六区）小学生人均占有体育活动场地情况；

附件二：上海市小学生人均占有体育活动场地情况（课改基地校）；

附件三：上海市（课改基地校）小学生人均占有体育活动场地情况排序表；

附件四：上海市（六区）小学体育场地情况统计表；

附件五：上海市（课改基地校）小学体育场地情况统计表。

注：此文 2005 年 3 月刊登在《探索之舟》上，2005 年 8 月获全国第九届中运会科学论文报告会暨第三届中国学校体育科学大会优秀论文二等奖。中小学项目组总负责人：徐燕平，小学项目组长冯敏（执笔）。

依托网络教研培育体育学科研究型团队的探究

摘要：根据市教委“关于本市开展中小学网络教研工作的指导意见”，我们开展“依托网络教研培育体育学科研究型团队的探究”课题研究，主要目的是探索依托网络教研培育体育学科研究型团队的规律，研究依托网络教研培育体育学科研究型团队的理论与实践，从而提高上海市小学体育学科教研工作的质量，促进小学体育学科研究型教师的发展。

主要采用文献研究法、调查研究法、行动研究法、统计分析法、案例研究法等方式进行研究，形成了依托网络教研培育体育学科研究型团队的七项策略；通过“因地制宜，组建团队”“主题研讨，按需组团”“校校互动，联合教研”逐步形成小学体育学科各类研究型团队；专家、教研员、教研组长或团队负责人在整个网络教研过程中扮演重要的角色，起到了“分层引领，提高网络教研的质量”“有效引领，将理论研究转化为实践操作能力”的作用。共有 702 个各类研究型团队参与“手倒立”专题网络教研，达到了有序细研教材，形成资源共享；拓展教研学习渠道，促进区域网络教研；发挥研究团队优势，提高教学研究实效；提升教师业务，提高教学有效性的预期效果。

通过研究得出以下结论：依托网络教研培育研究型团队切实可行；各类研究团队在网络教研中不断成长；网络教研促进了市、区、校际团队的交流；网络教研加速了教师的专业化发展。

一、研究目的

根据市教委“关于本市开展中小学网络教研工作的指导意见”，我们开展“依托网络教研培育体育学科研究型团队的探究”课题研究，主要目的是探索依托网络教研培育体育学科研究型团队的规律，研究依托网络教研培育体育学科研究型团队的理论与实践，从而提高上海市小学体育学科教研工作的质量，促进小学体育学科研究型教师的发展。

“网络教研”是指利用网络信息技术平台开展中小幼学校教学研究的活动。随着上海市教育改革的推进，上海市小学体育教师队伍结构发生了很大变化，小学体育教师大部分已具有较好的信息技术与网络技术，有开展网络教研的信息网络技术的基础。同时，教师发展的需求也呈多元化趋势，受年龄、业务水平、工作条件和精神追求等诸因素的影响，体育教师的发展水平参差不齐，体育教师间迫切需要网络教研进行交流。教师团队型的共同研究，由于教师团队思维、情感的激励共振与资源的共享利用，更易促进教师的专业成长。研究型团队的培育架构在网络平台上，将网络教研和常规教研相结合，是一条全新的探索之路，对体育学科研究型团队的培育，促进小学体育学科教师的专业发展具有重要的意义。

二、研究概述

（一）相关概念界定

“研究型团队”是指参与网络教研的各类行政规定的、进行体育学科教学研究的组合群体，也包括因共同的研究主题、研究目标而组成的临时学习团队，且具有较强的研究意识和研究能力的体育教师型团队。主要包括市、区、学校的体育学科中心组，骨干教师群体，青年学习小组，教研组、学科工作室、网络研究群组等教师研究团队，是依托网络教研逐渐形成的各类小学体育教师研究型团队。

（二）研究对象

全市小学体育教师的网络教研。

（三）研究方法

1. 文献研究法

通过收集、整理和查阅大量的有关网络教研的国内外相关文献资料，了解与依托网络教研培育体育学科研究型团队有关的情报资料。

2. 调查研究法

通过对上海市 18 个区的教研员、一线体育教师代表进行走访座谈，期望听到相关教师对体育网络教研活动的意见和建议，如何依托网络教研平台培育体育学科研究型团队建设出谋划策。

3. 行动研究法

在小学体育学科学校研究型团队、校际研究型团队与市、区际研究型团队中开展行动研究：制定目标—诊断活动—学习理论—制定活动方案—实施活动—评价总结—再诊断反思—反馈—改进调整—再实施……

4. 统计分析法

通过对已经开展的体育网络教研活动所取得的各项数据进行汇总、分析，跟踪研究新一轮体育网络教研活动的开展过程。

5. 案例研究法

以“手倒立”主题进行网络教研培育研究型团队的案例来实证。

三、研究成果

（一）体育学科研究型团队的要素研究

小学体育教师团队要想成为体育教师研究型团队，必须具有六个方面的要素。

第一，体育教师团队要有较高的体育研究意识、体育研究精神与体育研究观念；第二，体育教师团队要有较高的体育研究目标；第三，体育教师团队要有较好的体育研究内容；第四，体育教师团队要经常地开展体育研究活动；第五，体育教师团队要有一定质量的体育研究成果；第六，体育教师团队要有一支具有一定研究水平的体育研究骨干队伍。

（二）依托网络教研培育体育学科研究型团队的策略

依托网络教研培育体育学科研究型团队有七项策略。

学校、校际与市、区际研究型团队协调发展的策略；长期性的研究型团队与短期性的研究型团队同时培育的策略；正式性研究型团队与非正式性研究型团队共同培育的策略；注重依托网络教研培育教师团队研究意识与研究精神的策略；注重依托网络教研培育教师团队研究能力与研究道德的策略；注重依托网络教研开展体育教学问题、专题、课题研究的策略；注重依托网络教研开展体育教学课程研究的策略。

（三）网络教研中各类研究型团队的构建研究

1. 因地制宜，组建团队

网络教研中教研组是基本的单位，为使网络教研能够有序展开，在教研组的基础上，又在区域内形成相对稳定的小组，如学科小组、校际组合等。

例如，A 区原有 29 所学校 29 个体育教研组，在网络教研的过程中，各教研组就近结伴、自行组队、全员参与，以团队为主回复帖子、上传资源，开展各种层面的网络教研。通过网络教研，重组形成 22 个网络教研团队，其中包括 13 个学校教研组、1 个中心组、2 个学块组、6 个联合教研组。各团队在组长的带领下还建立了讨论群。

2. 主题研讨，按需组团

在网络时代的背景下，所有的学校体育工作者是一个无形的教研组、是一支联盟军、是一支超大的研究型团队，在网络教研的过程中，因同一个主题，解决同一类问题，有着共同目标而围绕着一起研讨组合成临时的研究团队，是松散型的，团队内的教师在网络上互相沟通，善于合作，取得共赢。

例如，B 区召开了区中心组、教研组长动员会，采用“规定动作＋自选动作”的形式，进行网络教研主题的研究。即请一些专业能力较强的团队参与一些规定的主题研究，而更多的团队如青年学习小组、多校教研组联合共同体团队、学校教矸组团队、讨论群等根据各自团队的实际自选研究主题。

3. 校校互动，联合教研

网络教研的特点决定了它更适合进行校际之间的联合互动，跨越时空，各校团队之间通过网上交流，既结识了全市各区的优秀教师，也可以将自己学校的优秀教学经验向各地推广。

例如，C 区的老师们认为联合教研组基于资源共享、发挥各校区域间的经验、特色、优势，共建共享，网络校际教研学习共同体就应运而生。网络校际教研的合作、交流与互动，能起到资源共享、优势互补的作用。

（四）网络教研中各类研究型团队的引领

1. 分层引领，提高网络教研的质量

教研员、教研组长或团队负责人在整个网络教研过程中扮演重要的角色，他们将负责动员、组织、协调、引领各研究型团队成员的网络教研工作。各区教研员根据市学科中心组发布的网络教研方案结合各区域的实际情况，形成区域网络教矸活动方案。在活动进行中及时组织和调控，促使网络教研与传统教研互相促进，有效发挥教研员引领作用。

例如，D 区教研员在第一时间召开了区中心组、课题组、区工作室、区高级教师指导团队会议。经过讨论，D区小学体育第四学块、区小学体育××工作室承担三、四、五年级倒立教材课堂教学研究，并按照要求，完成相关资料整理。区各小学体育教研组、各学块分“三步走”来积极参与。

2. 有效引领，将理论研究转化为实践操作能力

依靠专家、团队力量的有效引领，使网络教研主题深化，网络教研活动有序，将理论研究转化为教学实践操作能力，以提高网络教研的实效性。利用课堂实践（视频）与网络互动相结合，即时讨论（现场）与延时讨论（网上）相结合，使常规教研活动与网络教研活动有机结合，即时与延时的组合，大大提高了教研活动的参与率和教研活动的有效性。

例如，E区在区教研员老师的带领下，进行了网络教研。第一，先研后教理头绪。第二，骨干引领把方向。第三，课堂实践来检验。通过从网络教研为牵手，到中心组或骨干教师来引领，最后转战课堂实践这样的引领教研过程，对体育教师的专业化成长起到至关重要的帮助。

（五）网络教研中各类研究型团队的研究

1. 有序细研教材，形成资源共享

在市教研室的统筹、有序的引领下，全市各类团队围绕“手倒立”教材展开网上教研，各区根据需要研讨交流的六大版块“教材分析”“方法手段”“易犯错误”“保护帮助”“教学资源”“研讨实录”分配任务，每个版块有“引言要求”，以便研究团队“对号入座”。通过研究在网上形成了众多的相关团队研究资源，供广大教师共享。

2. 拓展教研学习渠道，促进区域网络教研

网络教研是开发和利用网上教育资源，建立开放、动态、交互的平台，对教学过程、教学资源、教学评价、教学管理等方面，实现资源的交流与共享，是一种崭新的教研渠道。这一教研渠道能够大力促进学校教研组内的教研，促进体育教师职务培训的开展。

例如，F区网络教研开展，使用网上交流平台、短信平台，及时发布网络教研要求，要求每一个教研组或学科组进行组内研讨活动并及时记录活动要求。在进行活动之后及时将活动情况通过网上交流平台进行发布。一些视频资源依托网站上传共享，取得了较好的效果。

（六）发挥研究团队优势，提高教学研究实效

市中心组根据针对广大教师实践工作存在的问题，提出网络教研的目的，设计网络教研的主题、形式以及要求。通过网络教研团队组织的积极发动，有序推进网络教研。区域学科中心组、学科工作室、联合教研组等不同团队，通过自身的组织结构，迅速联动，在网

络平台上，突破区域限制、时空限制而进行广泛互动交流、取长补短。通过活动，广大体育教师及团队看到了网络教研的美好前景，趋利驱弊，利用网络，依据主题内容形成各类研究型的智慧团队。

（七）教师业务得到提升，教学有效性显著提高

依托网络平台开展"手倒立"主题网络即时、延时教研活动，使全市广大的体育教师加入各类团队之中参与研究，网络平台上的专家引领、团队互助、同伴互助快捷高效，教师在网上细研教材，课中大胆实践。市、区、校在网络教研的基础上举行了一系列的"手倒立"公开教学研讨活动，使教师对"手倒立"教材的理解、把握有了质的提升，"手倒立"教学的有效性普遍得到了提高。可见"手倒立"主题网络教研即时效果极佳，后续效应明显。

（八）"手倒立"网络教研的量化成果

全市各小学围绕"手倒立"主题进行了广泛深入的研究，在研讨主题的引领下全市共有702个各类研究团队参与了网络教研，并以团队为单位在网上进行了浏览、汇帖和资源上传，为期一个月的"手倒立"主题网络即时、延时研讨取得了很好的研究成果（见表1和表2）。

表1 "小学手倒立教材教与学的研究"网络教研（团队）前三名排名表

序号	主题	回帖数排名（团队）			精华帖		
		1	2	3	1	2	3
1	教材分析	A区（88）	D区（31）	F区（18）	A区张泽学校体育教研组	N区横沙中心校体育组	D区第一学块"陶宝"团队
2	方法手段	G区（82）	H区（61）	D区（35）	D区非常"1+1"团队	J区迎园小学体育教研组	G区林苑小学体育组
3	易犯错误	G区（52）	H区（33）	D区（31）	F区打虎山路第一小学摇篮梦之队	D区小学体育第四学块啄木鸟团队	C区骨干青年教师团队
4	保护帮助	G区（50）	H区（43）	I区（30）	D区新黄浦实验体育组	B区申莘小学体育教研组	H区大场镇小学体育组
5	教学资源	I区（25）	F区（22）	J区（20）	I区华新小学体育组	K区永昌小学	E区体育青年学习小组
6	研讨实录	G区（50）	H区（43）	I区（30）	M区联合教研组	J区同济黄渡小学体育组	F区联合教研组

表 2 “小学手倒立教材教与学的研究”各区（团队）网络教研情况汇总

	区县	团队	教材分析	方法手段	易犯错误	保护帮助	教学资源	研讨实录	总计
回帖（条）	18	702	231	455	328	355	219	167	1755
浏览（次）	18	702	3040	5394	2738	2905	2354	2262	18601

在市教研室的统领下，组织全市小学体育教师以团队的形式开展系列化的主题网络教研活动，围绕研究主题全市各类研究团队依托网络平台进行交流研究，通过学科研究团队间的广泛交流，有效地培育了体育学科研究型团队，促进了教师的专业化发展（图 1）。

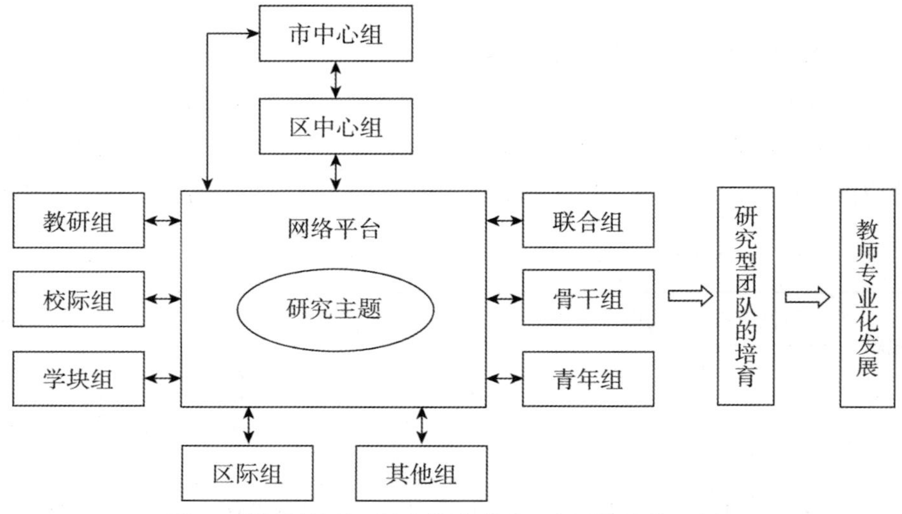

图 1 依托网络教研培育体育学科研究型团队的示意图

四、结论与建议

（一）结论

1. 依托网络教研培育研究型团队切实可行

专家引领、同伴互助是开展小学体育教研最常见的方式，在体育教师队伍年轻化、教研组规模小型化、教师发展需求多元化的背景下，广大教师需要在专家引领下开展团队间的互动研究，网络教研为教师团队的多元组合，为各研究团队间的跨越时空、快捷研讨交流提供了保证，研究型团队得到了有效的培育。

2. 各类研究团队在网络教研中不断成长

本课题的研究有力地促进了小学体育学科各类研究型团队的形成与发展。在“手倒立”专题网络教研中，全市的校教研组、校际联合教研组、学块（片）组、青年学习小组、区学科中心组、名师工作室、市学科中心组、跨区自发组成的同学组、同专业组等共702个团队积极地参加网络教研，网络教研促进了小学体育学科学校研究型团队的形成和发展。

3. 网络教研促进了市、区、校际团队间的交流

在市教研室的统领下，围绕研究主题，依托网络平台进行市、区、校际团队间的多维互动研讨，网络的优势有效促进了各类教师团队之间的交流，提升了教师团队的研究意识与精神，有效培育了研究型团队，提高了体育教师的合作研究意识和能力。

4. 网络教研加速了教师的专业化发展

依托网络平台开展市级专题教研活动，使全市广大的体育教师加入各类团队之中参与研究，网络平台上的专家引领、团队互助、同伴互助快捷高效，有效提高了教师的研究意识、研究能力、合作交往能力和教学能力，加速了广大教师的专业化发展。

（二）建议

1. 注重解决小学网络教研平台技术上的缺陷

目前网络教研平台技术上还存在一定的缺陷，为此，有关教育部门应多倾听参与网络教研的教师们的意见和建议，不断完善目前的网络教研平台，满足网络教研后续性的发展。

2. 着力保证小学体育学科网络教研活动时间

目前，小学体育学科各层次研究型团队已经初步形成，但是以团队为单位开展网络教研活动的时间还不能充分保证。要使网络教研真正成为推进新课程、有效促进教师专业成长和课堂教学质量提高的重要支持力量，转化为学校和教师的自觉行动，还需做进一步探索。

3. 强化小学体育学科区际研究型团队的互动

本课题研究中区际的研究型团队互动做得还不够，今后要强化小学体育学科区际研究型团队的互动，使区际之间的网络交流常态化。

参考文献：

[1] 杨继斌．网络，我们的“大教研室”[J]．人民教育，2005（13）．

[2] 熊斗寅．网络时代与体育[J]．体育与科学，2001（2）．

[3] 蒋敦杰．上博客，做教研——海南省网络教研新探索[J]．上海教育科研，2006（2）．

[4] 邵秀蔚，王彬彬，李绍杰．以教育叙事博客推进教师专业发展的区域化探索与实践[J]．中国电化教育，2004（10）．

注：此文获上海市第十三届教研员论文评选三等奖，2012 市中小学体育科学论文评选一等奖，第十一届全国中学生运动会科学论文报告会暨第六届中国学校体育科学大会论文评选二等奖。课题组成员：冯敏、王立新、施利娟、顾永明、陶霞。

上海市中小学《体育与健身》学科教研工作的实践研究

一、研究背景

当前，“二期课改”正在不断深入推进，各层面的教研工作面临很多新的问题和情况。首先，随着教育部门机构改革的推进，教师队伍结构发生了很大变化，呈现年轻化、学历高的趋势；其次，教师发展的需求也呈多元化趋势，受年龄、业务水平、工作条件和精神追求等诸因素的影响，教师的发展水平参差不齐，因此，教研工作能否调动每个教师的积极性，满足他们的多样化需求，也是对当前教研工作提出的新课题；再次，信息技术的发展不仅要求教研机构能够迅速获得最新的信息，而且还要求教研机构掌握现代化的教研手段。

《体育与健身》学科教研工作有其特殊性。从基层学校这一层面来看，体育教师在一所学校中的人数远远少于语、数、外等学科，教师间互助的面相对狭窄；体育学科本身的特点决定了体育教研除了要研究一些与语、数、外等学科具有共性的教育教学问题外，还要进行体育专业技能技巧的培训与研究。随着“二期课改”的不断深入推进，《体育与健身》学科教研工作在市、区和学校层面上有很多成功的做法，同时也存在着一些问题或困难。为此，成立了“上海市中小学《体育与健身》学科教研工作的实践研究”课题组，旨在通过中小学《体育与健身》学科教研工作实践研究，探索在“二期课改”的背景下市、区、校三级层面上高质量地开展教研活动的有效途径和方法。深入推进“二期课改”，促进广大教师的专业化发展。

二、研究概况

（一）研究目标

通过中小学《体育与健身》学科教研工作实践研究，探索在“二期课改”的背景下市、区、校三级层面上高质量地开展教研活动的有效途径和方法。深入推进“二期课改”，促进广大教师的专业化发展。

（二）研究内容

在“二期课改”的背景下市、区、校三级层面上教研工作开展的现状研究；基本策略研究；基本途径与方法研究；开展情况的评价研究。

（三）研究方法、手段

主要采用文献研究、调查研究、行动研究、经验总结、数据统计、比较、分析归纳等方法和手段。

（四）研究步骤

1. 准备阶段（2006.1～2006.2）

（1）课题的研讨、论证，文献资料查阅研究。

（2）对学科试验中心组调研的有关教研工作情况进行分析、总结。

（3）制定课题实施计划、研究目标、研究内容等。

（4）建立课题组，课题组成员进行相关分工。

2. 实施阶段（2006.3～2008.3）

（1）对教研工作开展的基本策略进行研究。

（2）对在“二期课改”的背景下教研工作开展的基本途径与方法进行研究。有目的、有计划地深入一些区县进行调研。

（3）召开部分教研员、学校教研组长参加的专题研讨会。

（4）定期召开课题组会议。

（5）搜集各区县有关优秀教研组、合格教研组评选的方案。

3. 总结阶段（2008.4～2008.6）

（1）课题研究资料分析汇总。

（2）撰写课题研究结题报告。

三、教研工作现状及分析

（一）市级层面的教研工作

市级层面的教研工作近几年紧紧围绕“二期课改”开展工作，依靠各区县教研员队伍，依托课改基地学校，以点带面，点面结合，全面地、有步骤地实施《体育与健身》学科的课改工作。为广大体育教师搭建提升专业化能力的展示舞台，不断促进教师的专业化发展。

1. 假期培训，推进课改。寒暑假期间组织各区县教研员和课改基地学校的教师进行培训，通过对课改理论的学习、专题报告和教材的分析等，来解决一些问题，引发一些思考，不断转变教师们的教育观念，提高对新教材把握能力，以便更有效地实施新教材。

2. 专题研讨，彰显个性。每学期组织几场专题研讨活动，如开展“借助社会资源，推动课程改革，人人学练游泳”——徐汇区小学体育“二期课改”区本教材的实践与研究；“体育健身走进学生，民间体育融入课堂”——上海市小学体育教学研讨活动（枫泾小学专场）；“新理念、新探索、新体验”——体育与健身学科单元教学流程设计及教学机制的研究与实践活动等。这些活动主体明确，特点突出，深受广大教师的欢迎，活动效益奇佳。

3. 搭建舞台，教师发展。开展系列化的促进教师的专业化发展的展评活动。如“向明杯”上海市中小学体育教师专业能力展示评选活动；“控江杯”“明强杯”上海市中小学体育教师队列队形展评活动；上海市中小学体育教研员专业能力评优活动；“航头·下沙杯”“松江一中杯”上海市中小学体育教师“备课、说课、上课、评课”综合展评活动……几年来，广大教师展示自我的机会非常多，通过一系列的展评活动，不仅提高了教研员和基层体育教师的专业化水平，还涌现出了一大批骨干教师。

4. 科研引领，以研促教。成立了“体育与健身学科教研工作的实践性研究”“体育与健身课程学生学业评价的研究与实践”等中小学六大课题组，各区教研员全员参与，在进行科研的过程中提高教研工作的质量；举办上海市学校体育科学论文评选活动，提高中小学体育教师的科研意识和能力。

5. 信息技术，有效整合。为引导和鼓励广大体育教师学习新知识、掌握新技术、运用新技能，尝试从学习内容的呈现、教学组织形式和方法手段的采用等入手，以提高体育健身学习的实效。举办了主题为：“用好新理念，激活新教法”——上海市“进才杯”中小学体育与健身学科多媒体课件制作评选活动。这些活动的举行促进了学科教学方式、手段的改变及学生学习方式的转变，提升教师驾驭信息技术的能力。

总体而言，市级活动内容丰富、形式多样、主题明确，具有很强的前瞻性、导向性和启示性，很好地起到了指向清晰，以点带面，点面结合，服务于区县基层教学实践的作用。

（二）区级层面的教研工作

课题组向中学体育教研员和小学体育教研员就一些相关问题发了问卷调查表，现汇总分析如下：

1. 区级教研活动次数

一学期进行的区级教研活动次数每学期最多为 14 次，最少为 6 次，平均为 10 次。

2. 区级教研活动的层面

区、块片、校三级层面占 74%，区、校二级层面占 26%。

3. 目前区级教研活动的形式以什么为主？（以形式采用多少的程度排序）

（1）公开课；（2）专题讲座；（3）专题培训；（4）专题学习；（5）互动式教研活动；（6）课题研讨；（7）请专家讲座；（8）现场会；（9）外出学习；（10）其他。

4. 目前区级开展教研活动的内容主要是：（以形式采用的多少排序）

（1）教学研究课；（2）布置工作；（3）备课及教案设计、教学方式；（4）教材教法介绍；（5）新教师、骨干教师培训；（6）教材分析；（7）教学策略和模式的研究；（8）学习有关文章；（9）经验总结推广；（10）其他。

目前区级教研活动的次数能得到保证，一般每周能进行一次（校级或区级）教研活动；在以前传统的区、校二级层面的基础上增加了块片级层面，这丰富了教研活动的形式；公开课对实施新教材，开展好教学研究活动有一定的导向作用，得到了广大教师的普遍认可。值得注意的是“布置工作”排序第二，不可否认在教研活动中可以布置一些工作，但不能成为主要内容，这一内容在问卷中排序如此之高值得深思。

（二）校级层面的教研工作

1. 校级教研活动次数

各基层学校一学期进行的校级教研活动次数最多为每周 1 次，最少为每学期 6 次（每三周 1 次），其中每两周进行 1 次的居多，平均为每学期 8 ~ 9 次（每两周 1 次）。

目前校级教研活动的次数能得到保证，一般每周能进行 1 次（校级或区级）教研活动。这为开展教学研究工作创造了良好的条件。

2. 教研活动质量

教研组的教研活动是进行教育科研、教学研究最基本的组织单位和活动形式，其研讨功能十分重要。大多数学校的教研活动有目标、有计划、有质量。但尚有些教研组活动存在以下问题：

（1）事情琐碎化，教研活动充斥着日常事务；

（2）学习应付化，被动学习，应付检查；

（3）活动任务化，每次活动权当是完成任务；

（4）研究点状化，研究活动缺乏目的性、系统性；

（5）发展个体化，缺乏合作意识。

另外，有些学校缺少有经验的把关教师，使同伴互助处于一种低水平的重复状态。

3. 教研活动最大的困难（根据需要的紧迫程度排序）

（1）教师的工作量大，无法静下来搞教研活动；

（2）缺少教研活动的方法；

（3）基层教师缺乏积极性；

（4）活动时间不保证；

（5）教研组长工作不胜任；

（6）教研组体育教师太少；

（7）缺少教研活动所需的资料；

（8）没有独立的体育办公室，体育教师编入年级组或综合组；

（9）领导不支持；

（10）其他。

教研活动中碰到的困难排在第一位的是：教师的工作量大，无法静下来搞教研活动，这一现象普遍存在，不利于教师的可持续发展。

4. 最迫切需要解决的问题

我们对“为了进一步推进教研活动的开展，你认为当前最迫切需要解决的问题”这个问题按紧迫程度进行了排序：

（1）新教材的理念和课堂教学实际的结合；

（2）减轻教师的工作量；

（3）校长的理解、支持和带动；

（4）提高教研组长的能力；

（5）专家（市、区专家和研究人员）的实践指导；

（6）提供教研活动所需的资料；

（7）推广新的教研活动形式；

（8）向做得好的学校学习，吸取成功的经验；

（9）时间；

（10）其他。

排在第一位的是“新教材的理念和课堂教学实际的结合”，第一线的教师是最实在的，他们大多数对新教材的理念是接受的，目前大多数教师都面临在操作层面上如何去体现或更好地体现新教材理念的问题，值得区级教研员的深思。

5. 校本教研

目前，各基层学校普遍重视校本教研，并取得了较好的成效。但由于校内体育教师人数比较少，假如缺少骨干教师的话，同伴互助就必然存在诸多问题。

在进行校本教研中，我们也了解许多新的教研形式，如：“滚动式研究”“前引后续”和网上教研活动方式等。另外，各校正在追求从教师内需出发的自主地教研，不拘泥于时间，不拘泥于空间，不拘泥于形式，无时不教研，无处不教研的无痕化的教学模式。

四、结　论

通过研究，课题组得出以下基本结论：

1. 市级层面的教研工作思路清晰、方向明确。活动内容丰富，形式多样，主题突出，具有很强的前瞻性、导向性、启示性和推广性。

2. 区级层面的教研工作在市教研室的引领和指导下，呈现出教研数量保证、质量上升、形式多样、市区联手、区际联动、研训一体、活动系统、突出专题的可喜局面。但区际之间存在着一定的落差。

3. 校级层面的教研活动在时间和数量上基本能得到保证，但教研质量有待提高。校本教研形式很多，有待提炼交流。

五、教研工作发展策略

1. 定期进行高质量的区县教研员专题研修，必要时可以走出国门，到国外进行考察和学习。各区应加强本区骨干教师、教研组长的培训。这是高效开展教研工作的基本保证。

2. 倡导“前引后续”式的教研活动，即在注重公开课、专题报告等“前引”的同时，留出更多的时间关注“后续”，即活动后的研讨、拓展、推广，放大活动的效益。

3. 在青年教师比例不断增大的当下，有必要强化体育专业基本功的培训，整体提高体育教师专业化水平。

4. 加强市与区、校的联动，注重区际、片际、校际之间的互动，形成合作交流、资源共享、共同发展的体育教研氛围。

5. 举办《体育与健身》学科教研模式的专题论坛，深化《体育与健身》学科教研工作的探究，不断提高本市《体育与健身》学科教研工作质量。

6. 在日常教研中要从“突击性”转向“常规性”，从“应景性”转向“长效性”，从“表面性”转向“实质性”。要注意研究新问题，深究老问题，使教研常搞常新，常新长效。

7. 探索研训活动信息化的有效途径，积极开展网上教研。发挥跨时空、低成本、高效率的优势。

参考文献：

[1]［美］罗伯特· D·坦尼森．教学设计的国际观［M］．教育科学出版社，2005，10.

[2] 贾腊生．校本教研实施与教师专业发展［M］．国家行政学院出版社，2005，6.

[3] 陈晓慧．教学设计［M］．电子工业出版社，2005，11.

[4] 上海市教育委员会．上海市中小学体育与健身课程标准（试行稿）［P］．上海教育出版社，2004，10.

[5] 杨贵仁，学校体育与素质教育［M］．中国学校体育，1998，3.

注：此文 2008 年获第二届上海市学校体育科学论文评选活动一等奖，执笔：冯敏、朱勇平。

上海市小学体育“三课、两操、两活动”有效性的研究

一、研究目的

教育部教体艺〔2011〕2号文件指出：保证中小学“每天一小时校园体育活动”，对于全面推进素质教育，促进学生健康成长，切实提高学生体质健康水平具有重要意义。沪教委体〔2011〕43号文件指出：严格实行“三课、两操、两活动”。2012年2月至6月，上海市小学“每天一小时校园体育活动”专项调研表明，绝大部分学校“三课、两操、两活动”得到落实，且效果总体较好。但也发现了一些诸如运动负荷、师资、时间利用、雨天活动、场地器材等方面影响“三课、两操、两活动”有效性的问题。因此，课题组在全市“三课、两操、两活动”总体得到落实的基础上，探索影响有效性的主要因素，以及进一步提高“三课、两操、两活动”的有效性的途径与方法，为政府部门的决策献言献策，从而更好地促进学生健康成长。

二、研究方法

（一）相关概念的界定

“三课、两操、两活动”是上海市落实“每天一小时校园体育活动”的具体举措。根据教育部教体艺〔2011〕2号、沪教委基〔2011〕56号和沪教委体〔2011〕43号文件的要求，学校各个年级每周安排三节体育课时、两节体育活动课时，每天安排早操或课间操（不少于1遍）、眼保健操（不少于2遍）。

本课题研究中“三课、两操、两活动”的有效性主要是指，在小学将“三课、两操、两活动”纳入学校课程计划的前提下，“三课、两操、两活动”的时间、场地器材的有效利用，

学校的管理、教师的组织指导到位，学生体育锻炼的兴趣激发，身体得到有效锻炼的程度。

（二）主要研究方法

1. 文献资料法

利用中国期刊网、中国万方网等网络工具以小学、三课、两操、两活动、有效性等关键词进行搜索，查阅相关文件和著作；阅读有关专著和期刊文献，从而为本研究的撰写提供一些理论依据。

2. 问卷调查法

从 2012 年 2 月至 6 月，历时近 5 个月，问卷调查包括 136 所小学，学生 4106 人，发放问卷 4106 份，回收问卷 3986 份，问卷回收率 97%。2013 年下半年基于问题进行了针对性调研，课题组对全市各区 119 所学校（每个区公办 3 所、公办九年一贯制学校小学部 1 所、民办 1 所、外来务工子弟小学 1 所、民办九年一贯制学校小学部 1 所）；217 位教师（每校 2 位体育教师）；662 位学生（每校三年级 2 位学生，四年级 2 位学生，五年级 2 位学生）进行了问卷调查，发放教师问卷 217 份，收回 217 份，有效回收率为 100%。发放学生问卷 662 份，回收 622 份，有效回收率为 94%。

3. 访谈与实地观察法

2012 年对校领导 226 人，体育教师 601 人，非体育教师 720 人进行了访谈，随机观测体育课 272 节，体育活动课 136 节，室内外广播操 226 次，眼保健操 136 次。2013 年上半年，组织推荐来自各区的 70 所在落实“三课、两操、两活动”有效性高的小学校长或体育分管领导 70 人进行经验交流，对每所学校的经验都进行了总结提炼。

4. 数理统计法

将调查数据赋值后输入计算机，采用统计软件 SPSS17.0 进行统计处理。

三、结果与分析

（一）体育课

1. 学生喜欢上体育课，运动负荷有待提高

学生身体锻炼得到有效提高必须要有一定量和强度的体力活动，在体育课中学生需要一定的运动密度、强度等合理负荷来保证。调查结果表明学生对体育课反映总体很开心的达 98.87%，还有 24.60% 的学生感觉不累，说明部分体育课的运动负荷需要进一步提高。在观察体育课时也发现体育教师对运动负荷的安排较小，有一部分同学还存在体育课运动负荷“吃不饱”现象（图 1）。

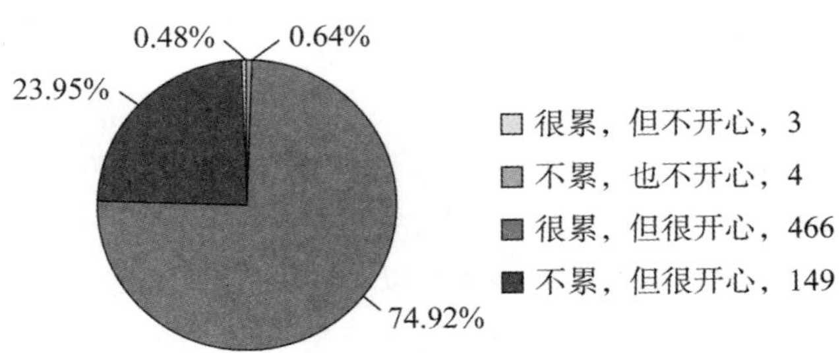

图 1　学生每次上完体育课后的感受统计表（N：622）

2. 从教室到操场耗时多，每节课无效时间占比高

有效地利用时间是检验体育教师教学效果的有效性的指标之一，从对教师的调查表明，31.80% 的体育课一至五年级都要到教室里去带（图 2），学生问卷的情况为 29.26% 的体育课一～五年级都要到教室里去带（图 3）。从图 4 可见，浪费 3～5 分钟的占 42.86%，甚至还有 5.07% 教师选择了浪费 6～8 分钟，小学体育课每节只有 35 分钟，影响了体育课的实际教学时间。有 65% 的教师和 59.81% 的学生认为“低年级要带，中高年级没必要”（图 5 和图 6），师生观点基本一致。以每节课平均浪费 5 分钟计算，无效时间占每节课的 1/7，每学期以 20 周计算累计浪费 300 分钟，相当一学期于少上 8.6 节课。

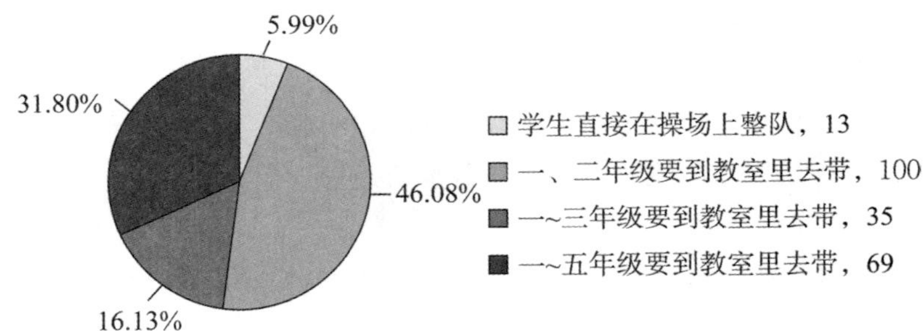

图 2　体育课教师从教室把学生带入操场教师问卷统计表（N：217）

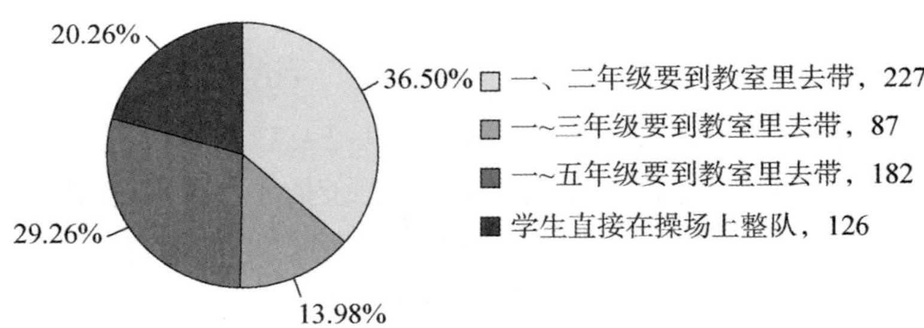

图 3　体育课教师从教室把学生带入操场学生问卷统计表（N：622）

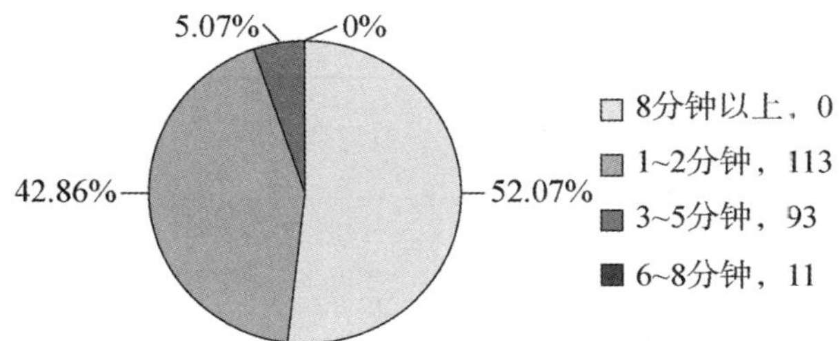

图 4　体育课教师从教室把学生带入操场平均所需时间统计表（N：217）

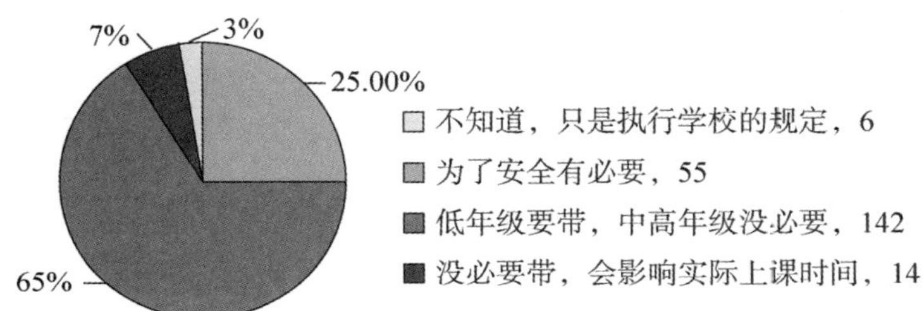

图 5　教师认为体育课是否要到教室带学生统计表（N：217）

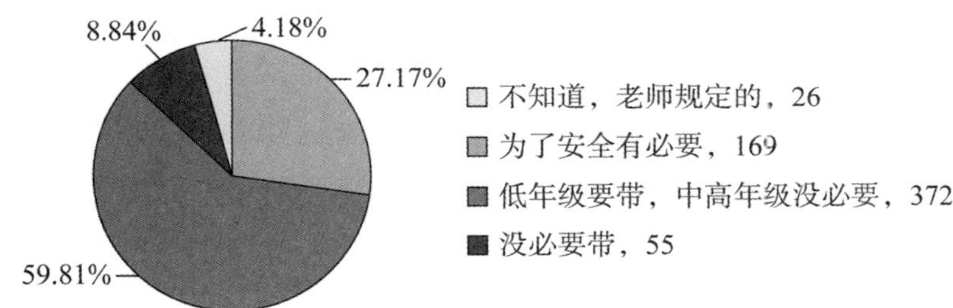

图 6　学生认为体育课是否要到教室带学生统计表（N：622）

3. 受场地和观念影响，雨天室内体育课低效

通过访谈与实地观察，获得了很多小学有效应对雨天体育课的成功案例，如原闸北区中山北路小学统筹规划室外场地功能，多雨的季节将教室、走廊、楼梯甚至食堂都成为学生活动的小天地，值得借鉴。但专项调研发现雨天体育课问题不少，体育课变为自习课的占 23.47%，甚至让给其他教师上占 4.82%。原因主要是学校室内场馆不足，部分教师的教育观念还不够端正（表 1）。

表 1　遇到下雨天，体育课被改为下列形式的情况统计（可多选）（N：622）

	室内锻炼课	体育理论课	自习课	让给其他教师上课	其他
频数	532	251	146	30	54
百分比	85.53	40.35	23.47	4.82	8.68

（二）体育活动课

1. 体育师资力量不足，培训措施没有全覆盖

专项调研表明：半数以上的学校领导认为体育师资力量不足是落实“每天一小时校园体育活动”的主要困难。目前体育活动课中能够完全由体育教师承担只占 20%，而学生问卷中希望体育活动课由体育教师来上的达到 81.22%。（图 7）

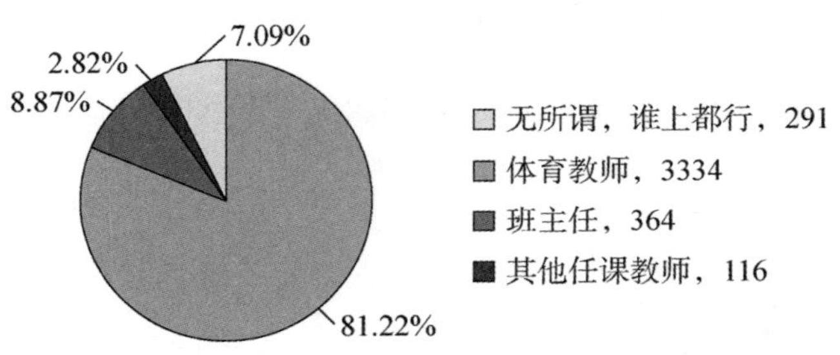

图 7　学生喜欢什么老师来上体育活动课统计表（N=4105）

在当前体育师资不足，大量的体育活动课由非体育教师担任指导的情况下，对体育活动课指导教师的培训就显得尤为重要。为了提高非体育专业教师指导的有效性，很多区和学校对非体育专业教师都进行了培训。例如，闵行区新梅小学每学期对担任体育活动课的教师进行“体能”“基本技能”“游戏方法规则”“安全与防护”“组织与管理”等能力进行针对性培训，每节体育活动课中都有体育教师对活动课教师进行巡视指导，有效提高了非体育教师指导活动课的能力，提高了体育活动课的有效性。从图 8 中可见，70.97% 的体育教师选择“每学期至少一次”或“每学年一次”，但“曾经有过培训”和“没有培训”的占 29.03%，由大量缺少培训的非体育教师担任体育活动课教师，必定影响体育活动课的成效。

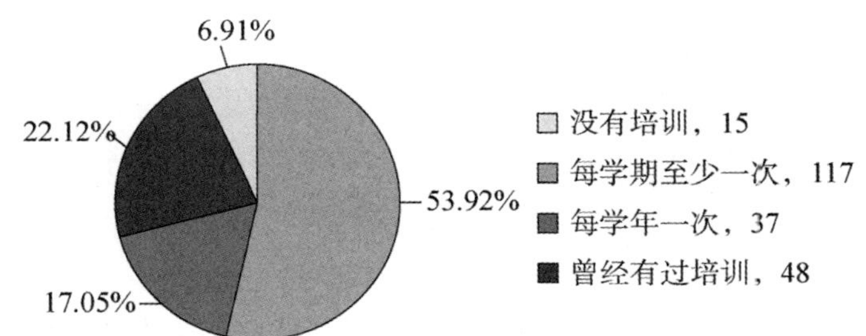

图 8　学校对体育活动课指导教师（非体育教师）的培训统计表（N：217）

2. 指导没有全面跟上，少数存在缺位现象

体育活动课指导教师肩负最基本的组织管理、活动指导的任务，这是关乎体育活动课有效性的一个重要因素。调查表明，认为“全程指导”或“大部分时间指导”教师和学生分别占 83.87%、85.69%，而“偶尔指导”“从不指导”师生分别为 16.13%、14.31%，师生选项基本一致（图 9、图 10）。教师不指导学生的主要原因是“非体育教师不会指导”，占 66.82%（图 11）。缺少指导的体育活动课有效性必定不高。

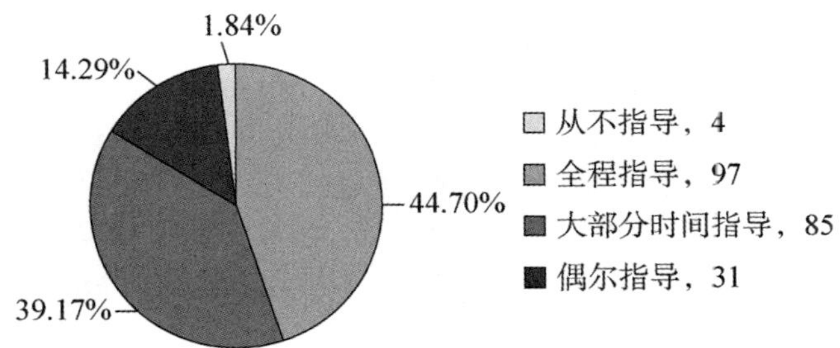

图 9　体育教师认为体育活动课指导教师是否指导学生情况统计表（N：217）

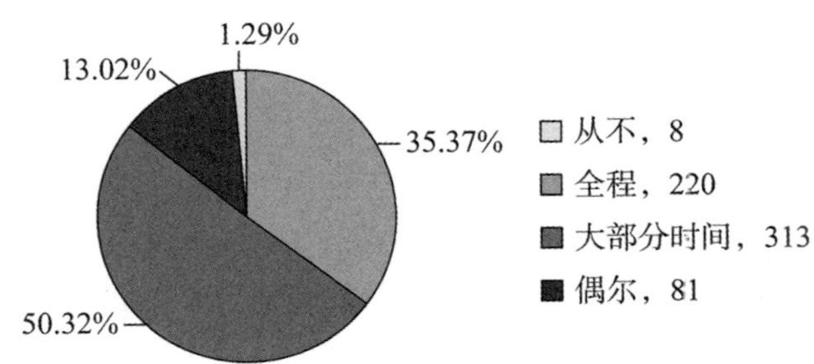

图 10　学生认为体育活动课得到教师指导和帮助情况统计表（N：622）

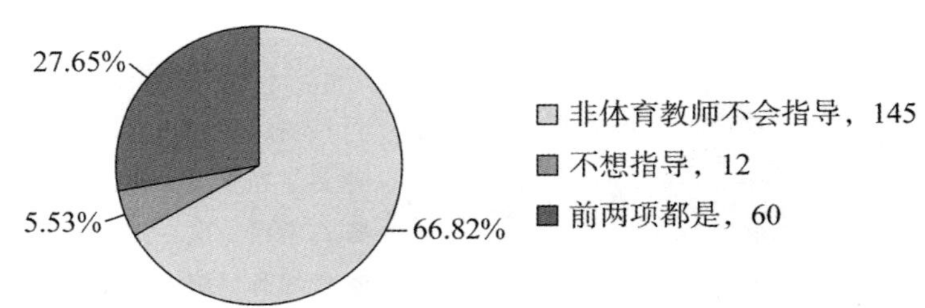

图 11　教师认为活动课指导教师不指导学生活动的原因统计表（N：217）

3. 调动队伍、领器材耗时多，利用上课时间有效率低

调查表明，体育活动课学生从教室排队进入操场进行活动的时间，超过一半的学校（55.30%）需要 3~5 分钟，但需要 6~8 分钟占到了 8.29%，甚至还有 2.76% 的比例要用去 8 分钟以上的时间（图 12），以每节课 35 分钟计算，每节课浪费 8 分钟为例，一学期以 20 周为单位，一学期累计浪费时间多达 320 分钟，相当于 9.1 节课，每学期活动课总数为 40 节，浪费时间占 22.8%。从图 16 可见，有 38.71% 的教师认为从教室到操场耗时浪费太多是影响课的效率的重要因素。

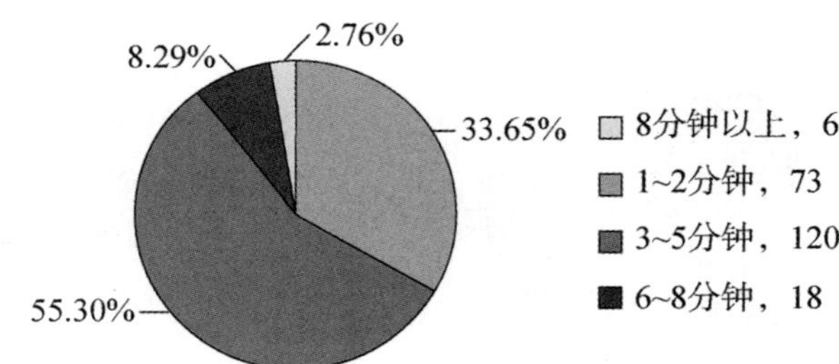

图 12　体育活动课上课铃声响到学生实际开始活动平均所需时间统计表（N：217）

体育活动课的器材领取也是影响体育活动课效率的一个因素，调查表明课前准备好体育器材的占 76.37%，但“课中到体育器材室领取”却占了 23.63%（图 13），学生长时间等器材影响了课的有效性。

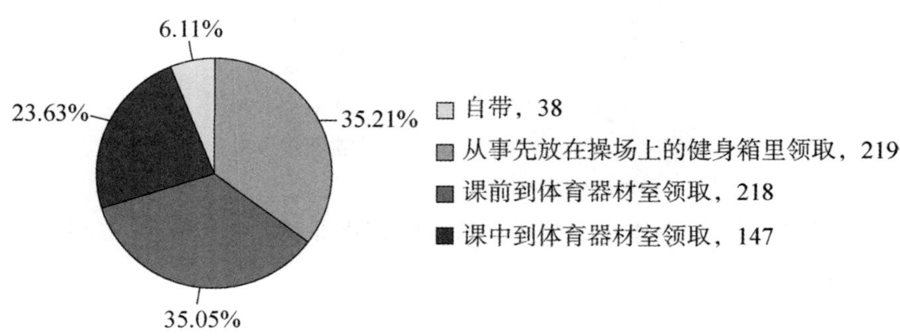

图 13　体育活动课的器材领取方式统计表（N：622）

4. 部分体育活动课身体锻炼的有效性有待提高

学生在体育活动课上的练习密度是否高，身体是否得到应有的锻炼，是衡量体育活动课有效性的重要指标。调查表明，86.18% 的教师认为运动负荷适宜，有 11.52% 的教师认为运动负荷太小（见图 14），有 34.41% 的学生上完体育活动课后感觉不累（图 15），可见相当部分的体育活动课运动负荷还没到位。影响运动负荷的主要因素是“从教室到操场开始活动浪费时间太多”“器材少，排队等候时间多”“领取器材所花时间太多”和“教师组织管理不力”等（图 16）。

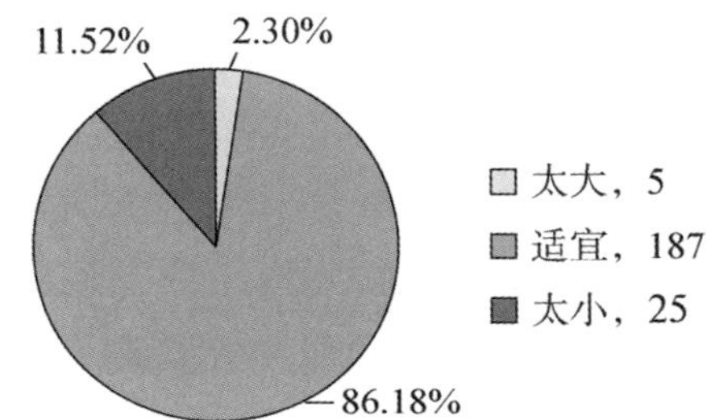

图 14　教师认为体育活动课学生运动负荷是否适宜统计表（N：217）

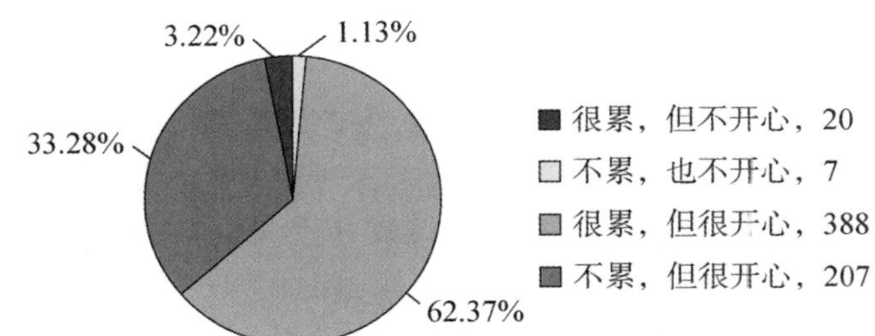

图 15　学生每次上完体育活动课的感觉统计表（N：622）

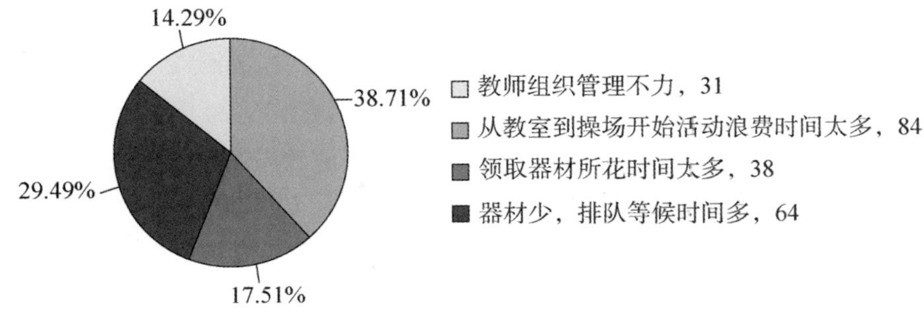

图 16　教师认为影响体育活动课效率的主要因素统计表（N：217）

5. 应对雨天有措施，总体有效性仍很低

上海是个多雨的城市，雨天给开展“两操、两活动”带来很大的困难，通过访谈与实地观察，获得了很多小学为应对雨天活动的成功案例，如虹口区第六中心小学为不同年级学生提供了室内、室外两套游戏菜单，以便参考自主选择。其中套餐 A 为晴天室外活动菜单，套餐 B 为适用于雨天室内游戏。然而调研表明，84.33% 的被调查教师认为能“按雨天方案实施”，但“有雨天活动方案，但执行不力”占 12.44%，“没有雨天活动方案，自行安排”占了 3.23%（图 17）。53% 的教师认为“有充足器材，且经常使用”，学生选择这一选项的为 53.54%，然而，“有器材，但不够用”“有少量器材，也几乎不用”“没有室内器材”教师问卷占 42.85%，学生问卷占 40.35%，师生观点很一致（图 18 和图 19）。

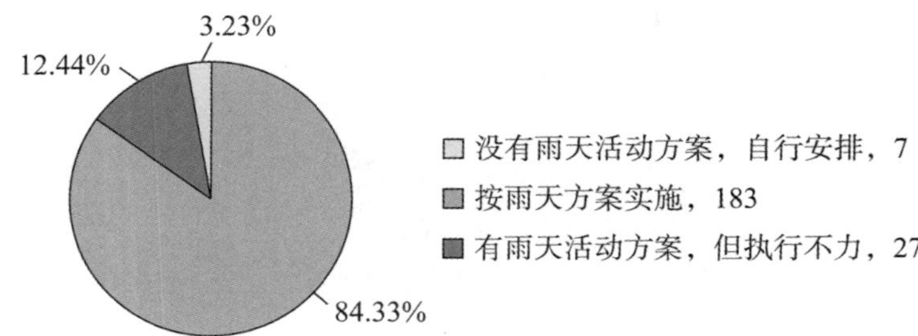

图 17　雨天体育活动课实施情况统计表（N：217）

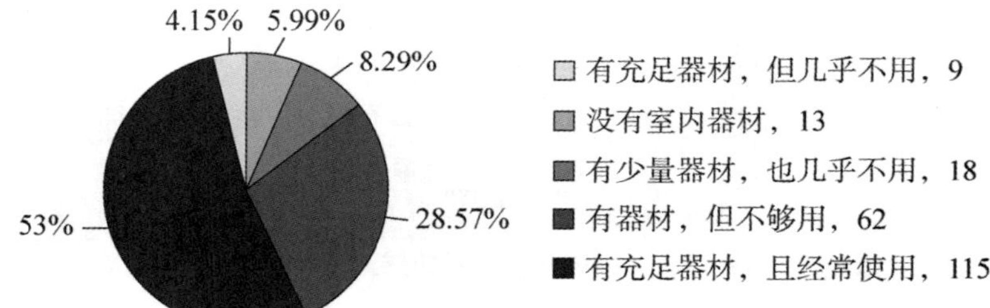

图 18　雨天体育活动课的室内器材配备使用统计表（教师 N：217）

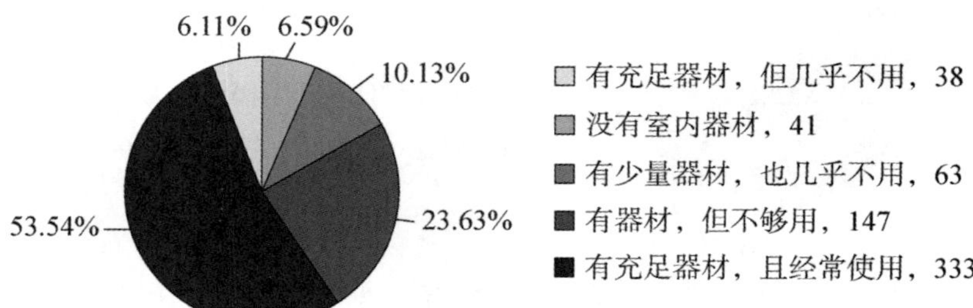

图 19　雨天体育活动课的室内器材配备使用统计表（学生 N：622）

可见，雨天体育活动课在现有的室内活动场地条件下，没有方案、有方案不实施，或者室内活动器材少、有器材不充分使用都是影响活动有效性的重要因素，是造成雨天体育活动课有效性不高的主要原因。

（三）“两操”

1. “两操”管理有效，质量有所保证

从调查情况看学校对“两操”的管理到位，有检查有评价（图 20）。对“两操”的检查和评价有利于提高教师的指导力和学生做操的认真程度。

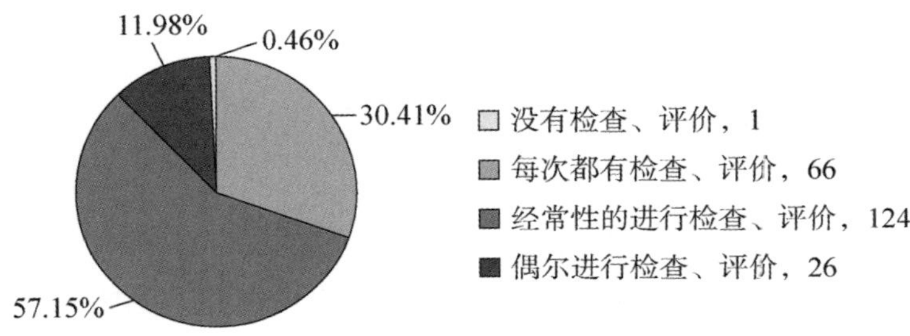

图 20　校领导对“两操”的质量管理情况统计表（N：217）

2. 广播操形式多样，锻炼效果明显

调查表明，教师认为只做“希望风帆”的占 8.76%，学生问卷占 13.18%，大多数学校在做“希望风帆”的同时，还增加了自编操或长跑（图 21 和图 22）。如崇明区西门小学：广播操（冬季，晨跑）+ 健身操、红领巾迪斯科、体育舞蹈、感恩手语操（每天轮换一套）。从认可度来看，师生都赞同操的多样性，其中教师持这一观点的占 94.47%，学生占 93.25%（图 23 和图 24）。

对于小学生来说“兴趣是最好的老师”，形式多样的广播操有利于激发学生的做操积极性，从而提高做操的有效性。

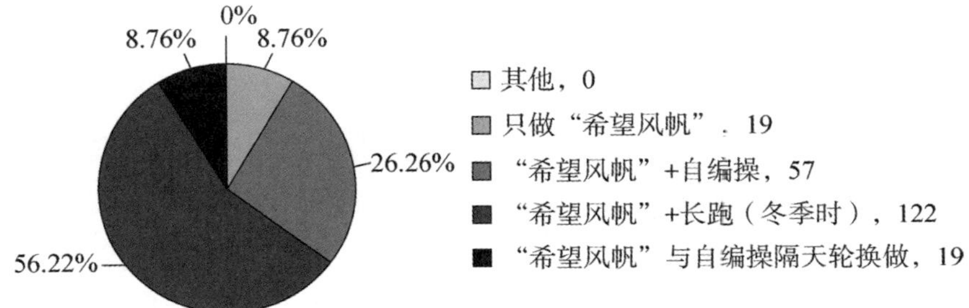

图 21　学校早操或课间操的内容统计表（教师 N：217）

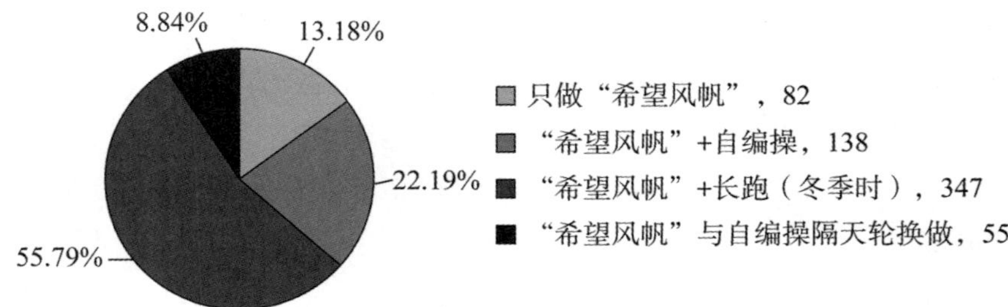

图 22　学校早操或课间操的内容统计表（学生 N：622）

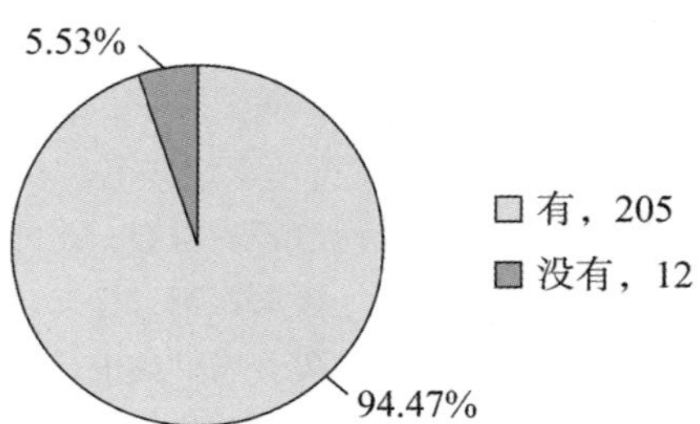

图 23　广播操的多样性对学生的身心发展作用统计表（教师 N：217）

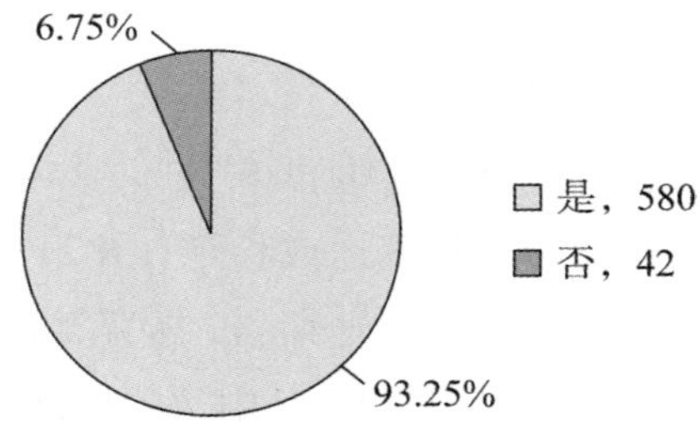

图 24　广播操的多样性对学生的身心发展作用统计表（学生 N：622）

四、结论与建议

（一）结论

1. 体育课

提高体育课有效性尚有很多潜力可挖，当下主要应从提高课的运动负荷；排除或减少学生从教室带入操场时间；保障雨天和雾霾天室内体育课有效教学等入手。

2. 体育活动课

诸多因素影响体育活动课教学有效性的进一步提高：非体育教师指导不力、低效；因调动队伍、领取器材、器材不足等造成实际活动时间被压缩；部分活动课运动负荷不到位；

雨天、雾霾天受场地器材、学校管理、教育观念等因素影响活动质量无法保证。

3. “两操”

管理总体到位，质量有保证；形式多样的广播操值得倡导，小学生喜欢多样化的广播操，多样化的广播操激发了学生的做操积极性，有利于提高做操的有效性。

（二）建议

1. 加强对体育课运动负荷的监控，提倡“高密度，中等强度”的运动负荷指标；从提高体育课效率和培养学生自主健身能力的角度出发，倡导中高年级体育课预备铃响了直接在操场（上课地点）排队，体育活动课和低年级体育课则以最短时间将队伍带到上课地点。

2. 配足配齐专职体育教师，在体育教师急缺的现状下，加强对担任活动课教学任务的非体育教师的针对性培训，使他们具有一定的组织、协调、指导能力和活动安全意识。

3. 学校教务部门要合理编排体育课和体育活动课表，科学安排活动场地，均匀分散安排上课的班级，提高体育场地的生均利用效率。

4. 认真研制、实施雨天或雾霾天体育活动方案，鼓励开发区本、校本体育理论课教材和室内游戏教材，丰富室内教学内容，提高雨天或雾霾天体育课、体育活动课的质量。

5. 积极倡导各校根据自身的特点开发形式多样的广播操，定期开展各种广播操的展示和评比活动，满足学生们的需求，愉快心情，提高健身的有效性。

参考文献：

[1] 上海市教委 . 上海市小学 2007 学年度课程计划[R].2007.

[2] 韩洪伟 . 临沂市三区初级中学阳光体育运动开展保障机制研究[D]. 上海体育学院，2010.

注：论文署名：冯敏、徐燕平、王立新。此课题为 2012 年度上海市学校体育科研课题重点课题，论文 2014 年获第十二届全国中学生运动会科学论文报告会暨第七届中国学校体育科学大会一等奖。本文在参评前得到了上海师范大学体育学院院长沈建华教授的指导，谨表谢意！

中小学体育与健身学科彰显中华优秀传统文化的课堂教学实践研究

一、问题的提出

以武术为代表的中国传统体育项目具有强身健体、修身养性、运动竞技、休闲娱乐的重要价值和功能，是中华民族优秀传统文化遗产的重要组成部分，是我国历史的重要见证和中华文化的重要载体，蕴含中华民族特有的精神价值、思维方式、想象力和文化意识，集聚中华民族精神的精华，是中国文化的瑰宝。它凝聚东方哲学的人生观、价值观，深刻影响着中国人的思维方法和行为准则，对青年少年的健康成长，特别是人生观和世界观的形成具有重要影响作用。

中华人民共和国成立后，上海市在中小学体育课程中非常重视中国传统体育项目教学，在体育课堂教学中传承和渗透中华优秀传统文化。其表现在：第一，在中小学各个年级的体育教材中都安排一定课时比例的中国传统体育项目，从根本上保证和彰显中国传统体育项目作为课程内容在传承中华优秀传统文化中的重要地位。第二，在中国传统体育项目教学中非常注重对民族精神的渗透、对武德的培养等方面的力度，例如，武术追求“天人合一”的最高境界，其“习武先习德”“尚德不尚力”的中国伦理文化精华和传统的社会道德观念在武术教学中得以渗透。

然而，尽管在包括武术在内的中国传统体育项目教学中如何渗透和彰显中华优秀传统文化方面做了大量的工作，也取得了不少的研究成果，但是在新的历史条件下，随着时代的发展和传承中国优秀传统体育文化责任的日益加重，我们离现实的要求仍有一定的差距，仍然有很多的工作需要去做。一方面，2014 年 3 月教育部印发《完善中华优秀传统文化教育指导纲要》，要求贯彻落实党的十八届三中全会关于完善中华优秀传统文化教育的精神，落实立德树人根本任务，需要进一步加强新形势下中华优秀传统文化教育。

2014年11月中共上海市教育卫生工作委员会、上海市教育委员会联合制订《关于完善中华优秀传统文化教育长效机制的实施意见》，提出满足“落实党和国家立德树人教育根本任务”的战略需要，对推动上海教育综合改革，加强青少年学生综合素质培养，为提升社会主义核心价值观教育有效性与针对性提供重要要求。身处国民教育的基础场所——中小学校，上海市体育与健身课程理应着眼于学科优势，利用体育学科资源在传承中华优秀传统文化方面发挥作用，担当重任。回顾过去，我们所做的工作缺乏一定的系统性，在力度方面也有待加强，总体上存在一定差距。另一方面，随着社会的不断发展，在包括武术在内的中国民族体育项目教学中也确实存在很多现实困境和问题，需要不断克服和改进。具体表现为：当前的整个体育文化氛围不利于武术等中国民族传统体育项目的开展，学生对篮球、足球、羽毛球、网球、游泳等体育项目的喜爱程度很高，而参与武术、太极拳、踢毽子、舞龙舞狮等传统体育项目的人较少。就民族传统体育项目本身来说，存在“娱乐性较强，但竞技性不足”“节奏慢、对抗性差”“激烈程度较低、技巧性高，不易掌握”的不足。就整个教学来讲，存在个别体育教师对优秀传统体育文化传承的意识薄弱，重技能传授，而轻文化渗透的现象；教学内容与形式缺乏创新，学生喜欢武术运动却不喜欢武术课；教学方法单调、枯燥等。因此，在新的形势下，如何在体育与健身课程教学中彰显中华优秀传统文化就成了当前急需解决的重要课题。

二、解决问题的过程与方法

根据2014年教育部颁发的《完善中华优秀传统文化教育指导纲要》指导思想和中共上海市教育卫生工作委员会、上海市教育委员会颁发的《关于完善中华优秀传统文化教育长效机制的实施意见》基本精神，参照了以副市长领衔的“全国大中小学生中华优秀传统文化教育实施纲要（送审稿）”课题组就优秀传统文化教育三大主要内容细化的意见，结合当前中小学体育学科教学实际情况，本研究采用案例研究法、文本分析法、比较研究法、归纳总结法等对课堂教学实践进行探索研究和反思总结。

（一）分析归纳中小学体育学科彰显中华优秀传统文化教育的现状

1. 了解课程建设、教材编制中体育传统项目的状况

根据课题研究目标与内容，本研究对中小学体育课堂建设、教材编制中的民族传统体育项目进行调查分析，以确保研究的客观性、针对性和有效性。通过归纳分析，发现中小学体育学科教材中体育传统项目设置比例偏低，除武术为基本内容Ⅰ的内容外，其他民间民族体育为基本内容Ⅱ中内容，且还有许多是选修项目。

2. 分析教育教学中传统体育文化渗透的现状

在分析教材体育传统项目设置的基础上，本研究还对体育课堂教学中优秀传统体育文化的渗透现状进行了调查：重运动技能传授，轻传统文化渗透是普遍存在的现象和问题；同时，有限的文化渗透往往以西方体育精神为主。

3. 探知优秀传统体育文化教学中教师意识、学生认知现状

教师的意识决定了体育课堂教学中彰显中华优秀传统文化的程度。因此，本研究也对教学中教师传授优秀传统文化的意识及学生对优秀传统文化的认知进行了调查分析。

综上，通过全方位、多角度的探索分析，发现目前中小学体育学科在彰显中华优秀传统体育文化教育过程中存在一定的问题，为后续探索优秀传统文化渗透体育学科课堂教学实践中的原则与方法、策略与途径提供了前测，做好了铺垫。

（二）厘清中小学体育教材中的传统体育文化脉络

1. 依据教材，分类划分传统体育项目内容

教材是承载着知识传递的功能，是课堂教学的前导。为充分挖掘体育学科教材中涉及优秀传统文化的内容，本研究对中小学三个学段的体育教材进行了梳理，并按照武术和民间体育两大类，将民族体育项目进行划分，为分析传统体育项目与传统文化之间的关系搭建桥梁。

2. 分析项目内容与传统文化的关联

根据民族传统体育项目分类，按照小学低年龄段以培养亲切感、开展启蒙教育为重点；中高年龄段以提高感受力、开展认知教育为重点；初中阶段以增强理解力、提高认同感为重点；高中阶段以增强理性认识为重点，分别从家国情怀、社会关爱和人格修养三大方面进行知识点的梳理，为归纳教材内容与优秀传统文化的内在联系奠定坚实的基础。

（三）探索中小学体育学科彰显中华优秀传统文化教学实践的策略与途径

以体育课为载体，充分发挥优秀传统体育文化的育人功能，解决中华优秀传统文化融入体育学科所面临的问题。根据体育学科彰显中华优秀传统文化的现状分析所发现的问题，结合中小学体育学科中的优秀传统体育文化脉络，本研究从教材、学生、教师等多要素出发，探索中小学体育学科彰显中华优秀传统体育文化的课堂教学实践原则与方法、策略与途径。

1. 搭建“教研训一体”的优秀传统体育文化研究共同体

依据研究任务，围绕“课堂教学中彰显优秀传统体育文化”主题，构建“教研训一体”的优秀传统体育文化研究共同体。通过共同体的搭建，加强对优秀传统体育文化在课堂教学中的渗透理论研究与实践探索，增强本课题研究的过程性效益，通过公开课等现场研讨

形式，实现理论与实践的联动与互补，为构建中华优秀传统文化融入体育学科教学提供典型案例与实践经验。

2. 以教材传统体育项目为主，强化特色项目文化在教学中的渗透

依据体育学科教材，选取特色项目。以特色项目为抓手，提炼特色优秀传统文化。在技能传授的基础上，加强学生对该项目所反映的优秀传统文化的认知与理解。实现文化传授与技能传授的并育，通过体验式的学习，使学生在无痕化的教育中感知中华优秀传统文化。

3. 探索开发传统体育项目校本课程，提升优秀传统文化浸润厚度

深入挖掘民族传统体育项目，并将之上升到课程的高度，开发设置传统体育项目校本课程，以对目前体育学科教材中的传统体育项目进行补充与完善。建设中华优秀传统文化的传播平台与教育阵地，提升优秀传统文化的浸润厚度。

通过一系列原则与方法、策略与途径的构建，为广大一线体育教师开展中华优秀传统文化教育提供理论支撑与实践经验，为体育学科彰显中华优秀传统文化面临的问题提供有效的措施。

三、成果的主要内容

（一）对各年级体育与健身课程中传统体育项目以及各个项目中的传统体育文化知识点进行梳理和归纳

1. 探知体育学科教材中传统体育项目设置情况及与传统文化的结合点

在上海市体育与健身课程标准中，基本内容 I 占比 70%，基本内容 II 占比 15%，拓展型课程占比 15%。只有基本内容 I 中的武术和基本内容 II 中的民族民间体育属于传统体育项目，在小学体育与健身课时分配中，武术只有 3 课时，占整学期内容的 2.9%，民间体育只有 6 课时，占整学期内容的 5.9%，两项共占 8.8%。在中学体育与健身课时分配中，武术共分配 24 学时，每学年安排 6 课时，占整学期内容的 11.1%。具体项目内容见表 1。

表 1　中小学体育学科教材传统体育项目设置情况统计表

	类别	学段	具体内容
民族传统体育	武术	小学	手型、步型、基本动作、五步拳
		初中	手型、步型、少年连环拳、少年初级长拳
		高中	手型、步型、少年长拳、攻防配合

（续表）

	类别	学段	具体内容
民族传统体育	民间体育	小学	跳短绳、踢毽子、滚铁环、围棋、掷沙包、抽陀螺等
		初中	跳长绳、踢毽子、风筝、掷沙包、拔河、“8”字跳长绳、跳皮筋等
		高中	跳长绳、抖空竹、踩高跷、舞龙舞狮、拔河等

与其他学科不同，体育学科是主要以身体运动作为教学内容的显性学科，在身体运动中蕴藏“家国情怀”（包括爱国情、强国梦、兴国志）、“社会关爱”（包括同理心、包容心、友善心）、“人格修养”（包括诚信观、规则观、荣辱观）的中华传统文化。本研究通过对上海市中小学体育教材的梳理，通过对武术与身体娱乐部分的梳理，实现教材内容与优秀传统文化的呼应。通过系统化的梳理，帮助教师搭建中华优秀传统文化的知识结构，也为学生学习和了解传统文化知识提供明确的参照。以初中阶段教材为例，将教材内容涉及中华优秀传统文化的内容如下所示（表 2）。

表 2　体育学科中华优秀传统文化教育主要内容及教育水平描述（初中）

内容 / 类别	家国情怀			社会关爱			人格修养		
	爱国情（民族为根）	强国梦（健康体魄）	兴国志（少年自强）	同理心（推己及人）	包容心（关爱融合）	友善心（保护帮助）	诚信观（一诺千金）	规则观（遵纪守法）	荣辱观（自爱他爱）
武术	武术历史	少年连环拳	少年初级长拳	—	—	少年初级长拳“翻身劈砸”	武术抱拳礼	武术规则	武术礼仪
民间体育	—	跳短绳、跳长绳	—	踢毽子	掷沙包	拔河	—	放风筝、跳皮筋、拔河	拔河、跳长绳、掷沙包

2. 明晰中小学体育学科中传统体育项目与优秀传统文化的内在关联

为更好地彰显体育学科与中华优秀传统文化的关系，继续在体育教材传统体育项目的基础上进行挖掘，梳理出中小学体育学科中传统体育项目与优秀传统文化的内在关联。体育学科所孕育的传统文化是隐性的，每一个传统体育项目的教学都蕴藏对传统文化的传播。本研究根据各年龄段体育学科中华优秀传统文化教育主要内容及教育水平描述，对具体教材内容进行了描述。首先，对学习动作进行简单说明；其次，阐明每个动作技能含义以及达成的目标；最后，讲解如何在动作的传授过程中融入中华优秀传统文化。以期通过体验式、无痕化的教育，使中华优秀传统文化浸润于课堂教学，促进学生健全人格的形成，形成良好的品质。仍以初中体育教材内容为例，其与中华优秀传统文化教育有机结合的内在联系如表 3 所示。

表 3　体育学科教材内容与中华优秀传统文化教育有机结合的内在联系（初中）

中华优秀传统文化	教学主题	项目类别	内在联系
爱国情（民族为根）	武术历史	武术	历史是一个民族过往的文化记忆，武术是中华民族特有的体育文化，源远流长。本框架通过武术的起源、发展历程、作用为知识点，引导学生树立民族的才是世界的思想，培养学生的民族视野。使学生对中华民族充满自豪感，产生凝聚力。
强国梦（健康体魄）	少年连环拳	武术	实现强国梦需要我们每个人的付出。只有拥有良好的体魄才能更好地学习、工作，建设美好的国家。仅仅把握这一要点，本框架以“每天锻炼一小时、健康工作五十年”为口号，促进学生身心的健康成长，促进学生形成良好的锻炼习惯，为承担社会任务做好准备。
	跳短绳、跳长绳	民间体育	
兴国志（少年自强）	少年初级长拳	武术	少年强则国强，每个人都是国家的一小单位，每个都强大了，实现“个人梦”，才能凝聚成“中国梦”，培养学生的责任意识，国家兴亡、匹夫有责。
同理心（推己及人）	踢毽子、跳短绳	民间体育	通过学习，让学生体会与人交往时、做事情时，要会多方面、多角度出发。解决学生习惯性的“个人为中心”的问题。
包容心（关爱融合）	掷沙包、跳长绳	民间体育	本教材内容都是要求学生配合来完成的。在练习中培养学生团结协作，相互鼓励，学会关爱他人，与他人融合。树立和而不同的思想，正确地与同学、家人等交往，建立团队意识和合作意识，建立良好的人际关系。
友善心（保护帮助）	少年初级长拳“翻身劈砸”	武术	体育练习离不开别人的帮助与保护。在练习中潜移默化地培养学生互帮互助的意识和行为，引导学生逐步确立为他人、为集体、为社会服务的观点，树立与人为善的价值观。
	拔河	民间体育	
诚信观（一诺千金）	武术抱拳礼	武术	武术抱拳礼是中华优秀传统文化中的经典魂魄。它以诚实守信为基点。通过学习，培养学生说到做到，对自己的言行负责，有践行自己的诺言的意识和行为，树立正确的世界观、人生观。

（续表）

中华优秀传统文化	教学主题	项目类别	内在联系
规则观（遵纪守法）	武术规则	武术	通过亲身参与学练，体会项目中的规则要求。培养学生遵守规则的习惯，进而培养学生遵纪守法。
	放风筝、跳皮筋、拔河	民间体育	
荣辱观（自爱他爱）	武术礼仪	武术	人只有自爱，同时爱他人，才能得到别人的爱戴。通过学习，使学生学会欣赏他人，尊重他人，自尊自重，树立良好的品格。
	拔河、跳长绳、掷沙包	民间体育	

3. 纵向对比，提炼中小学体育学科彰显优秀传统文化的共性与个性

围绕不同学段体育课堂彰显中华优秀传统文化的特点，本研究进行了纵向对比分析。从一年级到高三年级的体育教材，特别是基本内容Ⅰ、基本内容Ⅱ中的武术部分和民间体育方面，都承载中华优秀传统文化教育的重任，有学习优秀传统文化的课程目标要求，传统文化内容也遍布于各年级并呈现出螺旋式上升的趋势。同时，《上海市中小学初中体育与健身课程标准》中规定，学生在校期间需学会一两套武术套路或者武术对练，这对中小学体育课堂渗透中华优秀传统文化提出了要求与规定。

中小学各阶段体育课中的优秀传统文化教育都是学生在日常生活中或是电视等多媒体上能接触到的、体验到的，从而使优秀传统文化对学生的浸润更直接、更有效，优秀传统文化的影响也更深刻。中小学体育教材中不管是武术部分还是民间体育部分都有上下贯通的联系，其中蕴含的价值思想也有相通的地方。以武术为例，小学到高中教学彰显中华优秀传统文化的共同点提炼见表 4。

表 4　体育学科彰显中华优秀传统文化教育共同点（武术）

中华优秀传统文化		小学阶段	初中阶段	高中阶段
家国情怀	爱国情（民族为根）	武术历史	武术历史	武术历史
	强国梦（健康体魄）	五步拳	少年连环拳	少年长拳
	兴国志（少年自强）	—	少年初级长拳	少年长拳
人格修养	诚信观（一诺千金）	武术抱拳礼	武术抱拳礼	武术抱拳礼
	规则观（遵纪守法）	五步拳规则	少年连环拳规则	少年长拳规则
	荣辱观（自爱他爱）	武术礼仪	武术礼仪	武术礼仪

由上表得知，小学到高中体育武术教材中彰显中华优秀传统文化的共同点主要集中在

“家国情怀”和“人格修养”两大方面。贯穿于小学到高中的武术历史一直承担了对学生“民族视野和情怀”的培养；各个阶段的武术动作都促进了学生“健康体魄”的塑造；武术抱拳礼贯穿小学到高中各个武术学习阶段，在培养学生“诚信观”方面起到了积极的作用；各种武术套路的规则与武术礼仪在培养学生的“规则观”和“荣辱观”两方面都起到很大的作用。

中小学体育课在彰显中华优秀传统文化教育方面除了共性也有个性：小学生的年龄特点和认知水平决定了体育课更侧重情感的萌发，使学生初步具有中华民族的归属感和自豪感，着重激发学生的情感体验，小学阶段注重文化启蒙教育。初中阶段重点引导学生的文化认同，对于优秀传统文化教育的立足点应该是融入学科目标的点点滴滴中，是一种潜移默化的教育，不是急于求成的，而是细水长流的方式。高中阶段更加关注文化自信的形成，其教学偏重对优秀传统文化教育的基本内容及其继承性、时代性的特点进行深入学习，引导学生树立正确的民族观、道德观、进取观等。总而言之，各个学段各有侧重，又相互衔接，以优秀传统文化中的“强国梦——健康体魄”养成教育为例：

体育承担着培养学生生理、心理、社会适应等方面健康的重任。塑造“健康体魄”是中小学体育教材的主线。

表 5　中小学体育教材民间体育彰显中华优秀传统文化的个性

学段	民间体育	与“强国梦——健康体魄”的联系细目
小学	跳短绳、踢毽子、滚铁环、围棋、掷沙包、抽陀螺。	发展学生的耐力、协调性是核心目标，培养学生对传统优秀文化的认知与了解。
初中	跳长绳、踢毽子、风筝、掷沙包、拔河、“8”字跳长绳、跳皮筋。	发展学生的力量、耐力、速度等身体机能，培养学生的意志品质和团结协作的心理意识水平及社会适应能力。
高中	跳长绳、抖空竹、踩高跷、舞龙舞狮、拔河。	发展学生的力量、耐力、柔韧等身体素质，促进学生的创新意识，提高社会适应能力。

从表 5 可以看出，小学阶段民间体育“强国梦——健康体魄”的教学内容中主要是围绕学生的“耐力、协调性”开展，这与小学生的身体发展水平和运动发展关键期是相符合的。同时，这些内容的发展的侧重点又不是一样的，有的强调上下肢的协调配合、有的强调同学间的协调、有的培养下肢力量、有的培养上肢力量。这些都不同程度地促进了学生身体生理、心理健康的发展。

初中阶段，围绕“强国梦——健康体魄”的民间体育内容也是很丰富的。就跳长绳来说，教学中主要是采用分组比赛、计时计次数的方式，与小学阶段以“兴趣”引导为主不同，这样不仅发展了学生的力量、耐力、速度，也促进学生之间的配合与交际，促进心理水平的发展，初步培养社会适应能力。

在高中阶段，除发展学生的力量、耐力、柔韧等身体机能外，更侧重学生的认知能力和创新意识及团队协作能力。特别是“抖空竹、踩高跷、舞龙舞狮”等民间体育项目，这些在促进学生心理和社会适应方面功效较大。对学生形成正确的“世界观、人生观、价值观”具有积极的促进作用。

（二）搭建“教研训一体”研究团体，推动理论研究与实践探索，提高教学能力与水平

围绕“中小学体育学科彰显中华优秀传统文化”的主题，借助“武术校园联盟”构建了以高校教授、体育名师、体育学科带头人、骨干教师及名师工作室学员为成员的“中小学体育彰显中华优秀传统文化研究共同体”，并以“教研训一体”的模式多次开展研究与实践探索。其间，组织“体育教学彰显中华优秀传统文化教学实践”的教学案例评比，形成体育学科彰显中华优秀传统文化的经典案例集；开展“中小学体育学科彰显中华优秀传统文化”为主题的课堂教学研讨，举行小学阶段“双节棍”和高中阶段“新编少年长拳”的课堂观摩与研讨。通过一系列的理论研究与实践探索，对中小学体育教材进行横向和纵向的统整与对比，营造课堂教学中浸润中华优秀传统文化的氛围，提升教师传授中华优秀传统文化的意识和水平，创设中华优秀传统文化培养学生健全人格、塑造良好品质，培养学生正确的世界观、价值观、人生观的教育情境。从理论与实践两个层面为本研究提供了支撑。

（三）适当增加中国传统体育项目的理论知识比重

适当增加中国传统体育项目的理论知识比重。第一，在教材总体容量不变的情况下对教材（技术部分和理论部分）比重做适当调整，补强个别薄弱地方。第二，通过体育理论课对学生系统地介绍中国传统体育项目的基本分类和一些主要项目的文化特征，或通过体育实践课教学，结合相关教学内容（技术教材）进行相关的理论知识和文化背景方面的介绍。内容包括：民族传统体育项目的分类（含武术的分类），对武术、太极拳等中的术语，例如，“岳母刺字”“抱拳礼”“手眼身法步，精神气力功”“四击、八法、十二型”“拳不离手、曲不离口”“民族瑰宝”“国术”等进行有针对性的解读，通过成语故事、经典实例等来渗透武术的民族主义和爱国精神教育。

（四）将武术中的礼仪教育、民族精神等内容纳入课堂教学内容

1. 加强武术教学中的礼仪和武德教育

“学艺先学礼”，在武术教学中将礼仪作为教学的重要内容。在武术项目教学中，要求

师生之间行“抱拳礼”，并把它作为具体的制度和教学要求规定下来。抱拳礼是武术教学中用于进行礼仪教育的重要手段和途径，对培养学生了解中华文化，培养民族自豪感和爱国主义精神有重要价值。课的开始和结束，师生互行“抱拳礼”，可以强烈地感受师生之间纯真感情，发扬尊师爱生的传统美德，继承“尊师重道”的伦理规范。练习套路、教学比赛、测验的前、后学生行礼，或者练习对练前、后两人互相行礼，能培养学生虚心求学的态度，谦虚谨慎、坚毅勇敢、脚踏实地的传统美德。

未曾学武先学德。武术文化有着丰厚的文化底蕴和人文思想，它从内容到形式都表现了民族的优秀品质。自古以来，中华武术都倡导以武修德。因此，在武术教学过程中培养武德显得尤其重要。第一，应注重充分发挥教师在教学中的人格魅力。品德教育既是说理、训练的过程，也是陶冶情感的过程。教师的真正威信在于他的人格魅力，教师自身的形象和精神风貌对学生起着潜移默化的影响。“抱拳礼”既是礼仪文化，也是品德教育。第二，应充分利用教材挖掘德育素材。在教学武术时，可以引荐《霍元甲》《少林寺》等优秀电影，指出《霍元甲》的看点在于“精武精神与爱国情怀”,《少林寺》的看点在于“锄强扶弱、助人为本的高尚情操”。

2. 武术教学过程中注重培养与弘扬民族精神

文以治国、武以安邦，武术的技击性是冷兵器时代中国人保家卫国的重要手段。古往今来，许多仁人志士、民族英雄以天下为己任，“先天下之忧而忧，后天下之乐而乐”，在民族国家危亡之时能勇敢地站出来，敢于担当民族大义，成为中华民族的脊梁。如抗金名将岳飞、明朝抗倭英雄戚继光、抵御外侮的霍元甲等都是传统武术大师，他们利用自己精通的武术，在国家民族危亡之际，不畏强暴，秉存大义，是以鲜血和生命捍卫民族的尊严、独立和完整的英雄。民族精神是一个民族的生命力、创造力和凝聚力的集中体现，是一个民族赖以生存和发展的核心与灵魂。根据武术教学特点和武术技法中的特有功能及丰富的内涵来达到领悟、探索中国优秀传统文化中的人生哲理，以此来培养民族自豪感和爱国主义精神。

3. 武术教学中培养学生自强不息的精神

“冬练三九，夏练三伏”“欲学惊人艺，须下苦功夫”“天行健，君子以自强不息”等都是习武过程中的经典名句，是对中华民族刚健有为、自强不息精神的集中概括和生动写照，是中华民族的精神财富。习练武术俗称“练功夫”，“功夫”一方面指做一件事所花费的精力与时间，另一方面指在某一事业上的造诣和本领。通过武术教学过程中的经典名句解读，将这种习武精神贯穿到武术教学的全过程，培养顽强的意志品质，从实践中体悟武术的真谛。

4. 民间民族体育项目教学中渗透美育

民间民族传统体育，是在自己漫长的历史进程中，逐步创造和发展起来的具有鲜明的地域特色、独特的民族个性和久远的历史传统的一类文化活动。民间民族传统体育活动不是单纯的体育活动，而是一种地域、民族文化与审美情感的传承和发扬。例如，小学教材中的跳短绳、踢毽子、滚铁环、围棋、掷沙包、抽陀螺，初中教材中的跳长绳、踢毽子、风筝、掷沙包、拔河、“8”字跳长绳、跳皮筋，高中教材中的跳长绳、抖空竹、踩高跷、舞龙舞狮、拔河。通过传统体育项目的教学、带有服饰的集体展示、集体比赛等表现美感。

（五）构建体育学科彰显优秀传统文化的教学方法

1. 武术教学过程中注重营造武术传统文化氛围

武术是一种文化，但大多数人对武术的认识在很大程度上还停留在技术的层面，没有视武术为真正的文化。这种仅限于技术层面的传播，已经成为武术发展的最大阻力。如何营造武术传统文化氛围？具体措施为在武术教学中，通过语言、礼节、服饰、动作的本身文化等来塑造学习氛围，让学生感受这种浓厚的气氛，提高学生学习武术的兴趣，感受武术文化所带来的魅力。有条件的学校可以让学生穿戴武术服装。告诉学生武术服饰的作用，武术服饰应该如何穿戴，如何保管。特别要告诉学生穿上武术服饰象征龙的传人，腰带一束，精神百倍，浑身充满中国人的自豪。另外，用中国民族音乐结合武术套路来演练，音乐与武术结合不仅完善武术套路的“新、美”内容，提高欣赏性和艺术性。音乐、武术套路都具有节奏感、欣赏性、艺术性，通过音乐伴奏可以培养学生动作的韵律感、节奏感和美感，可以激发学生做动作时的内在情感和表现力，增加学生的兴趣，提高教学效果和音乐的鉴赏能力。如用《中国功夫》歌曲和歌词“卧似一张弓，站似一棵松，不动不摇坐如钟……”等来编排的动作，让学生嘴里唱着，做动作更加有劲、整齐，可以激发学生们的兴奋性，促进其想象力和表现力的发挥，烘托表演气氛和艺术感染力，使音乐的美感与动作美感得到完美统一。

2. 以兴趣化为手段增强彰显中华优秀传统文化的趣味性

体育学科彰显中华优秀传统文化，让学生对传统文化内化、生成是取得最大教育效果的途径。学生对传统文化的认同、内化、外化与教师的教学有很大关系。作为以身体活动为主的一门课程，教师只有“教”得有趣，学生方能“学”而有效。结合优秀传统文化的表现形式，增强传统文化教育的趣味性，教师可以利用民间体育项目为支撑，丰富教学素材，吸引学生的注意力。民间体育都带有一定的娱乐性和趣味性。教学中，教师一定要把握这两个特点，让学生在“玩”中感悟、体验，潜移默化地对学生传授中华优秀传统文化，让他们对优秀传统文化充满学习的兴趣，增强教学效果。

3. 把握学生心理渗透中华优秀传统文化

体育课的特点是以身体活动为主要特征，由于学生各自的身体状况、素质、意志不同，往往在练习过程中，表现各不相同。有的学生存在着畏惧的心理，如怕苦、怕摔、胆怯等，特别是在拔河、跳长绳等难度较大的练习中更加突出。出现这种情况后，教师应针对学生不利于练习的心理状况，进行有的放矢的教育，这有助于传统文化在课中的渗透。教师还要抓住时机帮助、关心、教育学生，使学生有完成动作的能力和克服困难的信心，从而培养学生坚忍不拔、吃苦耐劳和勇于克服困难的意志品质。

4. 典型案例与素材支撑强化中华优秀传统文化的浸润

武术教学是将爱国主义和增强民族自豪感的教育与武术教学紧密结合起来的。武术，是我国具有独特民族风格的体育项目，是中华民族宝贵的文化遗产。在武术教学中，我们应当特别注意对学生进行爱国主义教育。要结合历史上英雄人物的典型事例，如岳飞的“精忠报国”、霍元甲的“痛击洋人”等爱国主义精神，来激励同学们的爱国热情。学习武术，首先是要继承祖国的优秀文化遗产，其次是把自己锻炼成为一个合格的社会主义建设者和祖国的保卫者，而不是为了打架斗殴，以强欺弱。因此，要告诫同学们，习武一定要有良好的武德。通过武德的修养提升学生的诚信观、规则观和荣辱观。

又如民间体育游戏教学，民间体育游戏是学生最爱的一项综合性的体育活动，进行民间体育游戏练习能培养学生的竞争意识和合作能力。竞争是体育运动的特征之一，在体育运动过程中，既有对自己运动能力的挑战，也有与他人的争胜；既有人与人之间的竞争，也有团体之间的合作。运用民间体育游戏鼓励学生参与一些集体性的运动项目，既可以发展学生的体能和技能，又可以培养学生的合作精神、竞争意识和交往能力。例如两人三足走游戏、老鹰抓小鸡游戏、推小车游戏等。在这些游戏活动中，让学生通过扮演一定的角色，承担一定的责任与义务，在相互帮助、共同合作的过程中，发扬团队精神，体验到不同角色的心情，反映了人与人之间的和谐关系，真正体验到成功和进步的喜悦，培养学生的竞争意识和交往能力，在教学中紧紧扣住这些环节来渗透传统文化。

5. 采用丰富多样的教学方法、手段

在体育课堂上多采用视频等现代教育技术进行教学。视频技术具有传递信息量大和调动学生学习兴趣的功效，将视频技术用于武术等传统体育项目教学中具有事半功倍的效果。信息技术不仅能提高教学的效率，而且还能改变我们的教育教学观念。在课的教学设计和教学中多采用提问、讨论等环节。提问、讨论可以促使学生积极思考，促使师生之间有效互动，对培养学生创新意识与实践能力具有重要作用。在课的教学设计和教学中采用适量的自评、互评、他评、展示等环节。自评、互评、他评、展示课可加深学生对问题的理解和判断，是促使学生积极思考的有效方式和措施。

6. 布置课外作业

布置书面作业，不仅可以考查学生的学习态度，而且还可以考查学生对技能和知识的实际运用和完成任务的能力。它涉及信息收集、人际关系、自我认知等多个方面，是多种能力的综合评价，对充分利用课外资源、培养学生能力非常重要。在教学中，体育教师可结合教材、学生和课程目标适当地设计一些具有一定主题的书面作业，是很有必要的。课外作业可采用个人或团队合作形式完成。课外作业的内容与题目可包括武术（或踢毽子、滚铁环、围棋、掷沙包、抽陀螺）项目的起源；岳母刺字的由来；岳飞与《满江红》；霍元甲与擂台赛等。

（六）丰富体育学科彰显优秀传统文化的素材

1. 推动传统体育特色项目在学校中的推广及教学中的渗透

本研究在充分梳理中小学体育学科教材内容的基础上，深入挖掘带有乡土特色的民间传统体育项目。并将这些项目拓展到课堂教学中，进一步深化学生对民族传统体育文化的认知和了解。例如：七宝中学将舞狮融入体育教学中，让学生通过舞狮的练习，感受其中的“爱国情——民族为根、兴国志——少年自强、友善心——保护帮助”；闵行区文来学校根据华漕区域乡土特色——皮影，编制了皮影操，让学校学生在体育课堂教学练习，感受这一民间传统文化的魅力。

通过特色项目的开展，推动传统体育项目新的生命力，激发优秀传统文化的活力和时代精神，极大增强体育学科彰显中华优秀传统文化的实效。

2. 初步探索开发传统体育项目校本课程

本研究中，借助构建的“‘教研训一体’的中华优秀传统文化研究共同体”，通过挖掘特色传统体育项目的内涵基础上，将之拓展延伸，实现课程化，扩大中华优秀传统文化的教育平台。如闵行区实验小学根据学校实际，开设基于武术健身和表演的“双节棍”校本拓展课程，使学生在学习双节棍的同时，体验“人格修养——规则观”等优秀传统文化。

民族传统体育校本课程在学校体育教育中的实施，丰富了体育课程和课外体育活动内容，满足了学生对于体育锻炼的需求，它能满足各阶段不同学生的身心锻炼需要，对运动参与、运动技能形成、身体健康、心理健康和社会适应五个体育课程标准所要求的评价目标的达成，都具有重要的意义；它对发展和弘扬我国民族传统有文化有一个展现与根植的渠道；同时，也对教师的专业发展、教师教学与科研水平的提高，学校体育特色的形成也有很大的促进作用。

（七）课内外联动，营造民族传统体育项目学习氛围

传统体育项目带有本土性、传统性以及民族性的特点。在部分学校推广“一校一拳”或“一校一品”的校园体育文化模式。选择带有上海本土性的体育文化特色；选择具有悠

久传承体系的传统体育项目；兼顾中华民族性的体育项目。作用在于：形成课内外联动效应，彰显优秀传统体育文化的传承；增加上海地方体育项目以及武术的民族优越感以及认同感；借以培养一支业务过硬的传统体育项目教学的师资力量；通过校园体育文化特色增强学生对学校的认同感、自豪感。

（八）形成中小学体育学科彰显中华优秀传统文化的课堂教学案例

为了切实推进中华优秀传统文化融入体育学科教学，为广大一线教育工作者提供更为直观、具体、可行的指导。本研究提供教学案例并展开了教学设计。案例撰写按照“案例背景—案例描述—案例反思—案例分析”层层递进的方式，对体育学科彰显中华优秀传统文化进行翔实剖析，希望一线教师在案例解读中吸收和内化教材知识，并领略到优秀传统文化的无限魅力。教学设计则从设计依据（主要包括课程标准要求、教材文本分析、学生认知分析）、教学三维目标、教学过程（主要包括课前探究学习、课内主要环节）以及教学设计说明等方面对案例的选用意图、案例运用过程、总体设计意图展开了理论和实践层面的透析。（典型案例如表6所示）

表6　创新教学手段传承中华武术

【案例背景】

武术是《体育与健身》学科教学的重要内容，也是闵行区实验小学的特色体育项目之一。在学校“蒙正”课程体系的架构下，希望借助武术这一民族传统体育，来培养学生的道德情操，丰富校园文化生活，以武育德来弘扬民族精神。

闵行区实验小学景城校区将武术特色项目纳入课程规划中，学生从一年级开始尝试一星期两节体育课一节武术课的教学模式。我们遵循学生身心发展的基本规律，寻求符合学生年龄特征的教学手段，在轻松的学习氛围中引发学生对武术的学习兴趣，引导学生积极参与练习，培养学生与他人协作、相互交流的学习意识，增强身体素质。

从教育生态学的角度来看，武术教学也应该成为顺应学生的“自然生长”，适应学生生命成长需要的教学。如何在武术教学的课堂实践中开创基于学生发展需求的生态教学环境，是我们体育教师值得深入思考的问题和研究方向。

【案例描述】

传统的武术教学一直是以老师教学生模仿，或者图解教学为主，这样的教学对于高年级的学生们来说很容易产生厌学情绪。培养武术的学练兴趣是武术教学的首要目标，因为只有真正地形成兴趣，孩子才能积极、自觉地参与学习，才能使学习武术成为生活中一个不可缺少的重要组成部分。所以，必须打破传统的教学方法，融入一

（续表）

<table>
<tr><td>
些新鲜教学的元素，比如一些多媒体的运用，一些攻防演练的练习。另外，武术教学中很多活动是需要通过学生小组间共同完成的，这是培养学生集体主义精神的一个重要途径。那么，如何来创新武术的教学手段来提高孩子们学习武术的兴趣呢？
1. 情境导入，增强民族自豪感（教学情境 1）
教师宣布上课，师生互相行抱拳礼（不一样的师生问好方式，体现武术礼仪）。
师：同学们，今天的武术课老师要给你们播放一段视频，你们看完以后来告诉我一下你们的感受好吗？（老师播放事先剪辑好的不同种类的武术视频）
生 1：老师，我看了以后感觉武术博大精深，种类真多呀。
生 2：老师，看了他们的展示，我也好想学呀。
师：是呀，武术是我们中国独有的传统文化，今天看到的只是冰山一角，我们一起来走近我们的中华武术，感受它独有的魅力。
（场面）学生们兴致勃勃地观看视频，教师从他们的眼神中能看到兴奋激动的神情。
2. 活用多媒体，打造不一样的教学（教学情境 2）
师：同学们，你们看一下今天老师还带来了一个新的朋友来帮助我们进行今天的武术教学。（老师出示电子书包）
师：你们看一下哦，可以运用手中的平板电脑里面慢放、回放、纠错的功能，我们来进行“马步横打”这个动作的练习，组长带领开始吧。
生：看这些视频可以不断地播放，还可以帮我们拍摄动作呢，这下我们可以看到自己的动作做得怎么样啦。
（场面）学生们在组长的带领下，6 人一组运用手中的电子书包，进行动作的学练，教师到每个小组中去启发、指导，学生的学练气氛很好，组内能力强的学生帮助能力较弱的同伴，并且在电子书包的纠错功能的帮助下，很多人都看到了自己动作欠缺的地方，及时纠错。
3. 巧用小器材，融入攻防意识，促进学生的学习能力（教学情境 3）
师：今天老师还为你们准备了一个“脚靶”，你们看一下，今天学的“垫步弹踢”发力点在哪呀？
生：脚背。
师：是的，这个动作是进攻敌人膝盖以下的部位，如果我们来防守就是应该放在膝盖以下的部位来防住进攻。遇到坏人我们进攻要怎么样呀？
生：要用力。
师：非常正确，在生活中我们要学会先保护自己，接下来要两人一组一个进攻一个
</td></tr>
</table>

（续表）

防守，来比比看谁的“脚靶”能够在动作正确的情况下踢得最响。

（场面）学生两人一组开始进行“垫步弹踢”的练习，互帮互助，一方进攻另一个防守，攻防交换时互相行抱拳礼。满场都是啪啪的踢“脚靶”声，学习气氛非常高涨。

【案例评析】

1. 弘扬武术传统文化，培养民族自豪感

在我们学校，武术是特色项目，充分发挥学校作为载体的优势，在平时的教学中我们就试图通过武术这个民族传统项目的教学以及文化因素的挖掘，使学生对民族传统文化有了进一步的了解，增强学生的民族自豪感以及爱国主义情怀。在体育课堂中，让学生欣赏武术的精彩视频，通过展示不同的武术种类，让学生不断地了解武术的博大精深，知道武术是我们国家独有的项目，增强学生的民族自豪感。如精心挑选李小龙、叶问等这些学生们众所周知的人物影片，在课堂上运用多媒体播放给学生们观看，从而激发学生的民族自豪感。

武术大师蔡云龙曾经说过，“武术不仅是一个强身健体的技能，更重要的还是立德树魂的民族精神”。学习武术首先要具备良好的道德，所谓“练武先练德，教人先教心”。在武术教学中，我们一直对孩子们进行“武德”的渗透，让孩子们清楚习武之人要先习德，武德里面包含着爱国、尊师、互助、公平、礼让等优良品质。如在日常教学中，一上课就会有师生之间的抱拳礼，这是为了表示互相尊重。让学生了解抱拳礼的含义，以及为什么要行抱拳礼。在课堂中，每当有动作要求学生两人一组进行练习时，彼此先要互相行礼，再开始练习动作，并在练习结束时，再次行抱拳礼，表示对合作伙伴的尊重。当需要向全班展示时，先行抱拳礼，展示完再次行抱拳礼，代表谦逊、不自大。当整节课结束时，再次师生间行礼，代表感谢教师的教学。通过平时这些点点滴滴的学习和积累，将这种良好的素养延伸到日常生活与家人、朋友的相处中，让自己成为一个德行兼备的人。

2. 传统与现代整合，让武术教学事半功倍

教师要以提高学生学习积极性，激发练习兴趣，提高课堂教学效率的前提。为此，作为教师需要不断创新教学思路，采取多种不同的教学手段来提高学生的学习兴趣。比如说如何能更好地运用多媒体来辅助进行武术教学，而不是成为武术教学的鸡肋，这也是需要好好探讨一下的。

在很多武术教学课中，老师想到尝试运用多媒体进行教学，但是只是单一地在多媒体的投影上播放静态的图片以及动作要领，学生还是不能获得很大的教学成效，这样下来多媒体的运用可能就是形同虚设，所以如何能更好地运用多媒体进行教学，值得我

（续表）

们深思。比如说在少年拳第一套武术课中，我们在很多地方都运用了信息技术进行教学，改变了以往单一的图解无动态的教学模式，事先把本节课所要教授的所有动作录制在平板电脑中，运用其中的回放功能、慢放功能以及拍摄功能，让学生更加直观地学习武术动作，也通过组长拍摄的小视频，给了组员及时的练习反馈。当这些反馈出来后，学生可以根据老师事先在平板电脑里的正确动作与要领及时纠正动作，极大地鼓舞和激励了学生课堂练习的积极性，使武术课堂教学的效率达到事半功倍的效果。

3. 培养学生攻防意识，提升自我保护能力

在少年拳第一套武术课中，拳术的动作相对简单，只是单一的重复练习，学生的积极性通常保持不了多久，也不能达到让每个孩子都能把技术动作做得到位有力，也就是把动作能做到内外合一的程度。那么怎么才能更好地调动学生的学习积极性，同时又能让学生把这些动作完成得很好呢？我们选择了运用脚靶来辅助教学，收到了良好的成效。在练习单个动作时，让学生想象脚靶就是一个自己必须要战胜的敌人，该如何保护自己打跑敌人呢？面对这种问题，学生通常都会争先恐后地说要用力。这个时候，就可以跟学生详细讲解动作要领了，教授学生如何正确地发力。学生在理解动作的要领后，练习的过程会更加投入，同时也提高了自我保护的能力。

让学生在学习武术动作的同时，感悟每个动作所蕴含的攻防意识，也是武术教学的一个重点。为了让学生深刻地感受“声东击西、避实就虚”的武术智慧，我们设计了两人一组的攻防练习。在这个练习中，一人攻，一人防，进攻的人就是进，防守的人就是退，两者结合就有了攻防演练。当学生互相配合的时候，能从中感悟到这些武术动作的攻防概念，经过一段时间的反复练习，这些攻防理念将成为学生的一种条件反射，当在现实生活中碰到危险情况，需要自我保护时，学生也将能及时做出恰当的反应，做到学以致用。

四、效果和反思

通过对体育学科彰显中华优秀传统文化课堂教学实践的研究，进一步提升优秀传统文化的教育地位和作用，提高教师在研究和教授传统文化方面水平与能力。在理论研究和实践探索的支撑下，广大一线体育教师的努力下，体育学科中优秀传统文化的育人价值越来越高能，对学生正确的世界观、人生观、价值观的确立影响越来越大，为学生树立良好的品格提供了积极的支撑作用。

（一）研究效果

1. 强化中华优秀传统文化在体育学科育人中的地位

体育学科彰显中华优秀传统文化的课堂教学实践研究，积极响应党和国家关于完善中华优秀传统文化教育的号召，符合《完善中华优秀传统文化教育指导纲要》的基本思想和“两纲”教育精神，顺应了继承和弘扬优秀传统文化的时代潮流。通过研究，厘清了中小学体育学科融入中华优秀传统文化的结合点，及与优秀传统文化的内在关联。增强教师对优秀传统文化的认识及其在育人方面的独特价值，使学生在学习中可以更好地感受中华优秀传统文化的魅力和价值所在。改善了体育学科教学中西方体育思想对传统体育文化的冲击。客观上达到了发展和创新优秀传统文化的效果。

2. 提升体育教师教育教学中渗透中华传统文化的综合素养

（1）增强体育教师传授中华优秀传统文化的意识

通过本课题的研究，使体育教师切实意识到中华优秀传统文化在体育教学中育人的功效。使教师正视优秀传统文化的教育力，引发教师对优秀传统文化全面、深入的思考，树立正确的传统文化教育观念。部分体育教师已有目的、有计划地将教学中彰显中华优秀传统文化的目标编制入自己的学期教学计划和课时计划中，将之与体育教学三维目标紧密结合。

（2）改变体育教师重技能传授，轻文化渗透的现象

作为以身体活动为主要形式的一门学科，在教学中体育教师往往注重运动技能的传授与练习，而忽视了优秀传统文化的渗透。本研究，恰恰促使体育教师在关注运动技能传授的同时要强化对优秀传统文化的渗透。使体育教师充分利用教材这一阵地，运用典型案例和素材，把握机会，向学生讲解中华优秀传统文化，并让学生在练习中体悟，在练习中感知，达到技能与文化的并育。

（3）提高体育教师对优秀传统文化的研究能力

本课题研究，以“‘教研训一体’的中华优秀传统文化研究共同体”为平台，组织体育教师针对中华优秀传统文化进行理论研究与实践探索。通过项目驱动、任务推动，从研究意识、研究方法、研究思路等方面加强对体育教师的培养，切实提高体育教师的研究能力和水平。使更多的体育教师参与到中华优秀传统文化融入体育教学的研究中，提高体育教师对教学实践的“反思提炼、理性思考、理论支撑”协同一体的教学研究能力。

（4）提升体育教师优秀传统文化的教学能力

教师对中华优秀传统文化教学认知，决定了其教学过程与教学能力，影响着课堂教学的效益，也直接影响学生理解和接受优秀传统文化的广度和深度。通过研究丰富了教师传授中华优秀传统文化的素材与教学方法、手段，倡导教师以“兴趣化、把握学生心理变化、

运用典型案例与素材、挖掘特色项目、开发校本课程”等多种教学方法手段，合理运用强化优秀传统文化在课堂教学中的渗透，加强教育效果。这一系列的措施，有力地帮助体育教师提高了对优秀传统文化的教学能力。

3. 促进学生对中华优秀传统文化的认知与参与

中小学体育学科彰显中华优秀传统文化的课堂教学实践研究的成效在学生身上具有直观的反映。通过对研究前后学生的认知、态度、行为等方面的调查分析可以发现，本研究极大提升了中华优秀传统文化的传播力量，提高了其影响力。促进了学生对中华优秀传统文化更多的了解、认知、参与，越来越多的学生喜爱上武术运动、喜爱上民间体育项目，进而让学生对中华优秀传统文化蕴含的“家国情怀、社会关爱、人格修养”有了直观的感悟，增强了他们对中华优秀传统文化的认同感和向心力。

4. 实现校园中传统体育文化的延展与人文精神的回归

目前，与社会上所倡导的体育思想一样，学校中的体育思想与意识也被西方体育思想主宰着，奥林匹克的商业化、功利化影响着学生价值观的形成。而本研究重点探索了中华优秀传统体育文化在校园及课堂教学中的教育行为。通过研究，重塑了中华传统体育文化中“天人合一、人与自然和谐”的体育理念，使教师和学生从传统体育思想、价值观中汲取养分，让传统体育文化中的“知行合一”“内外兼修”的融通精神、文化包容等人文精神更有效地滋润着学生、教师、校园。并通过挖掘乡土特色体育项目，进行了传统项目的保护与开发，使特色传统项目在学校这片土壤开花、结果，得到传承与发展，开创了传统体育文化的时代脉搏与精神。

5. 营造中华优秀传统文化教育的浓郁氛围

通过本研究，以点带面，以项目推动发展，极大提升优秀传统文化的教育地位及育人价值，使得体育教师在传统文化教育方面投入了更多的精力，对其研究与实践逐渐增多；体育教师从事传统文化教育的热情越来越高涨，无论是对传统文化的研究，还是对相关问题的思考与探索也更为激烈。在学校当中营造出了传统文化教育的浓郁氛围，创设出传统文化的教育情境。

（二）反思

1. 研究视野局限，覆盖范围不广

在研究中，由于研究者精力、能力有限，研究视野不够开阔，研究覆盖范围不广，没有进行大数据调研与分析，因此对一些问题的分析及取得的成果阐述还不够全面。

2. 研究系统性、长期性有待加强，文化建设过程还需“量”的积累

对中小学体育学科彰显中华优秀传统文化的研究是一个长期性、系统性的工程，不能

一蹴而就。它的时效性还有待检验，文化建设中“量”的积累还需要后续加强，从而实现向“质”的转变。

3. 研究行为主体的动态变化

本研究是以课堂教学为载体，教师和学生是体育学科彰显中华优秀传统文化的两个行为主体，他们的行为表现决定了研究的成效与弘扬优秀传统文化的成效。由此，后续还需要对两个行为主体进行跟踪、调研，监测优秀传统文化对教师与学生行为的长期效应。

4. 彰显中华优秀传统文化的机制还不健全

由于多种因素的作用，研究中没有建立中小学体育学科彰显中华优秀传统文化的长效机制，缺乏对其研究的制度规范与机制保障。

总之，在大力倡导传承和弘扬中华优秀传统文化的时代背景下，进行“中小学体育学科彰显中华优秀传统文化”的研究，紧密切合了立德树人的根本任务，围绕“两纲”教育精神，培养学生的爱国主义精神，践行社会主义核心价值观。它提炼了中小学体育教材中融入中华优秀传统文化的知识点与内在关联，推动了体育学科彰显中华优秀传统文化的研究与实践探索，强化了传统体育文化的教育地位与育人价值。通过体验式，无痕化的教育形式，让学生潜移默化地接触到优秀传统文化的价值理念，帮助学生形成健全的人格和良好的行为品质，促进了学生生理、心理和社会适应能力的健康发展。

注：本文是上海市教育科学研究重点项目，上海市哲学社会科学规划教育学课题“中小学课程与教学彰显中华优秀传统文化研究与实践”项目的子课题研究报告。2017 年获第十三届全国学生运动会科学论文报告会二等奖，并刊登在《美·健——艺术、体育与健身学科彰显中华优秀传统文化课堂教学实践研究》一书中。子课题组成员：冯敏、侯晓梅、胡健、黄冬阳、王长平、施琴、王蕾、郑培乐。研究报告执笔：冯敏、王长平、郑培乐。研究报告撰写过程中得到了上海体院舒盛芳教授的帮助。

后记

书稿完成，心愿终遂。该书稿从2017年初开始构思、动笔撰写，并于当年完成初稿，由于自己对书稿质量还不甚满意，日常工作又太忙，加之作者自身的惰性等原因，书稿一直没交出版社，直到2020年才利用疫情期间空闲时间相对多一点的机会，对原稿重新梳理加工并进行了修改和补充。在诸多领导、师长的关心指导下，书稿终于完成。此刻的心情是既有成就感，但又有些许的忐忑。

年逾花甲、临近退休的我回望自己的“体育之路”，足迹越发清晰可见。我一直有个心愿，就是把我从小接受体育启蒙教育的故事写给自己的父母看，不辜父母养育恩。当然，我的经历、故事和对中小学体育的理解，也许能让年轻的父母，我的同行们从中获得启示、引发思考。也算对自己的责任心有所交代。

在书稿将与广大读者见面之际，内心多少有点不安。书中有些当时的提法放到今天来看可能有些陈旧；有些以前写的论文比较注重实证，在教育专家眼里可能或多或少存在着一些缺陷；对教材的分析也只是一家之言，仅供同行参考。还请广大读者多多给予批评指教。

作为一名体育教研员，我一直辛勤地行走在教育理论与体育实践之间，从中积累的大量教研经验作为本书的第一手资料。本书的另一大素材来源，得益于上海市教育委员会教学研究室体育教研员徐燕平、王立新两位老师给我提供了很多平台，让我能从更高的视角去审视中小学体育，践行体育教学改革和教研转型。在此表示衷心的感谢！

秉笔著书之念源自上海教育出版社资深编辑季陆生老师的提议，最终完成书稿也同样是在季老师的友情催促下完成的，所以要特别感谢！另外，要感谢上海市闵行区春申教育发展基金会以及基金会秘书长刘玉英老师的实际帮助！感谢上海市闵行区教育学院副院长董学平、骨干教师办公室主任兰平和教务处主任徐培菁三位领导的关心支持！还要感谢上海教育出版社编辑对书稿的精心编辑加工，使本书最终得以顺利出版！

人生如书，书印人生，感谢同行们阅读我的心路历程，恳请大家给予指正。

冯敏

2021年元月

图书在版编目（CIP）数据

敏于行：行走在教育理论与体育实践之间 / 冯敏著. — 上海：上海教育出版社，2021.12（2022.7重印）
ISBN 978-7-5720-1291-4

Ⅰ.①敏… Ⅱ.①冯… Ⅲ.①体育教学－教学研究 Ⅳ.①G807.01

中国版本图书馆CIP数据核字(2021)第271874号

责任编辑　梁乐天　李千里
封面设计　林炜杰

敏于行：行走在教育理论与体育实践之间
冯　敏　著

出版发行　上海教育出版社有限公司
官　　网　www.seph.com.cn
地　　址　上海市闵行区号景路159弄C座
邮　　编　201101
印　　刷　上海颛辉印刷厂有限公司
开　　本　787 × 1092　1/16　印张 13.25
字　　数　264 千字
版　　次　2022年1月第1版
印　　次　2022年7月第2次印刷
书　　号　ISBN 978-7-5720-1291-4/G·1012
定　　价　80.00 元

如发现质量问题，读者可向本社调换　电话：021-64373213